時報出版

勇敢無懼

侯友宜 從破案神探、硬漢市長、邁向總統之路的堅定勇氣與溫暖

張芳榮　著

推薦序

我所認識的侯友宜

一九八九年七月的一場新生公園警匪槍戰，我遭歹徒開槍傷及脊髓神經，致下半身癱瘓至今，媒體朋友叫我「輪椅警探」。

我坐輪椅後，時任中山分局刑事組長的侯友宜市長一直鼓勵我，不要放棄自己，不要忘了當警察的初心，當時，我只有苦笑以對。

不過二十二年前，奇蹟出現了，我不僅娶到美嬌娘，還以試管方式，生了一對龍鳳胎，做了爸爸。

我家的龍鳳胎，他們今年十二月一日都剛滿二十歲，有投票權，姊弟倆都是首投族，已做好決定要將選票投給侯友宜市長，他們認爲侯市長當選總統後，可以不讓年輕人上戰場。

當年我家龍鳳胎滿月時，侯市長和夫人任美鈴女士一起來參加，他們夫妻各抱一個娃，非常開心。侯夫人很親切及關心龍鳳胎，完全就像是鄰家大姐姐，毫無官夫人架子。

我老婆周于馨很喜歡任美鈴女士，她想藉《勇敢無懼》的序文跟美鈴姐說：「妳是侯市長的賢內助，已經把家庭和小孩照顧得很好，要多出來走走，關心低收入戶及一些孤兒，再一次協助『侯總統』照顧全國人民！」

侯市長，是我敬佩的長官，侯市長重情重義，非常照顧我們基層警員。侯市長當選總統後，一定會用性命保國愛民。

本書作者張芳榮，芳榮姐，跑社會新聞三十多年，一直是我們警界信任的資深記者，很高興她寫了這本《勇敢無懼》，描述侯友宜市長和他的刑警弟兄們一起打擊罪犯，保護人民的警察故事，能為此書寫序，我深感榮耀！

侯市長一定會當選總統，我們全家四人都是侯粉，要祝侯市長高票當選，芳榮姐新書暢銷。

「愛和平，不要戰爭」，及要過好日子的全國朋友們，大家一起來將侯友宜送進總統府，讓我們可以安居樂業，全國人民平安！

二〇二三年十月十五日

台北市刑事警察大隊特勤中隊（霹靂小組）小隊長

劉旺德

作者序

風雨同行

一個熟識又陌生的巨人背影

在台灣社會，侯友宜早年被稱爲「黑道剋星」、「破案之神」，戰功彪炳，威名震懾黑白兩道。「侯友宜」這三個字，堪稱刑警破案的金字招牌，也是江湖黑道的肉中刺。碰到案子來時，他不迴避、不退縮、不推諉、不畏懼，一向都是正面迎戰；他的勇敢、機智、膽識、功績，至今無「警」能敵，像這樣奉獻一輩子保護人民的侯友宜，到了總統選舉時，竟變成對手口中的「草包」，對於長期近身觀察侯友宜的我來講，不啻是嚴重的人格侮辱、偏離事實的胡說八道。

我不年輕，是一個擁有三十多年資歷的社會線記者，一直都是站在第一線採訪新聞，換句話說，我和侯友宜一樣，都曾活在那個「台灣治安最紛亂」的時代，現在回想，衝重案犯罪現場、警匪槍戰現場、跟著刑警弟兄上山下海尋找要犯，幾乎是記者生涯中，再平常不過的事情，一個社會記者是這樣跑新聞，當年那樣年輕又具有高知名度的警界英雄侯友宜，也是一路這樣過來的。

在侯友宜奉命拘提鄭南榕、逮捕「黑名單」上的海外異議人士、處理陳婉眞「霸佔」中安公園等高政治案件時，我是《自立早報》社會中心的記者，剛剛從台北市郊的北投、士林分局接跑中山分局。當年各家報社的菜鳥社會記者，一進公司報到，多是先從北投、士林分局跑起，等有了些經驗後，再轉調跑中山、大同分局，而我記者職涯的第三階段，則是到台北市刑大、北市警察局跑線。

一九八九年，政府剛解嚴沒幾年，被列爲「黑名單」的海外異議人士，紛紛透過各種方式闖關返台，那時，中山分局轄內就有一份所謂的「黑名單」，檢察官依名單開拘票給中山分局執行逮人，當時很多像是侯友宜這種年輕的警察幹部，都很不願意接這種差事，甚至時任中山分局長的王郡還曾爲此與上級長官溝通，但都未獲得正面反應。

當年的分局長王郡，是侯友宜在台北市刑大的老長官，深知侯友宜的個性，對於可能引發爭議的案件、任務，侯友宜都會事先跟長官討論，以最合情、合理、合法的方式處理，當時，高檢署連續以「涉嫌叛亂」罪連續傳喚鄭南榕出庭遭拒後，署方便開了拘票要中山分局執行強制拘提。沒想到，後來鄭南榕在警方執法過程中，竟採取了最激烈的自焚方式來抗議。

中山分局執行「○四○七專案」拘提鄭南榕的當天，我剛好休假回南部，從電視報導看見鄭南榕自焚的新聞後，我立刻取消休假，儘速北返前往中山分局去跑鄭南榕自焚案，其實，當年參與該案的社會與警政記者都知道，彼時中山分局從分局長、刑事組長、派出所主管到警員，大家都不願意去，但又不得不被迫上陣，執行高檢署的法律任務。

接下來，我看見的是，中山分局因爲強制拘提鄭南榕，而鄭南榕選擇以最激烈自焚方式抗議，事後，中山分局遭受各界抨擊，當天帶隊的刑事組長侯友宜面對議員砲轟，全力澄清、說明警方各種「不救鄭南榕」的謠傳，雖然我因休假沒在案發的第一現場，但是我取消休假回到中山分局跑新聞時，看了警方當時的蒐證帶、及採訪過現場警消執行人員後獲知，執行任務的十七名警消人員也受了輕重傷，眞的很慘。

鄭南榕自焚案後一個月，中山分局長王郡就被外調台東縣警察局長，算是對於鄭南榕被強制拘提而他最後自焚身亡，警方執法遭強烈抨擊所負起的責任。一般人會認爲，王郡外調台東縣警察局長是升官呀，不是處分。但在那個時代，王郡是被「流放」至台東，並不是什麼升官。而鄭南榕自焚案所引發的爭議，隨著王郡離開台北市，最後算是溫和收場。

二〇一八年，由於侯友宜參加了新北市長選舉，讓昔日的鄭南榕自焚案這件歷史悲劇，又再引發高度關注！綠營要當年奉命執行強制拘提的中山分局刑事組長侯友宜負起政治責任，離譜的是，侯友宜當年僅是一名中階刑事幹部，只是個依法執法的警職公務人員，如此小的位階，卻被要求必須扛起鄭南榕「大」案的政治責任，讓人有種欲加之罪之感。

二〇二二年，侯友宜連任新北市長，參選時鄭南榕案再度成爲焦點。二〇二三年，侯友宜宣布參加總統大選，鄭南榕案又被重提，對手控訴侯友宜迫害言論自由。事實上，這是刑事案件，而且已經過去了三十四年，當年鄭南榕是爲爭取言論自由，在法院傳訊時，以自焚方式抗議、拒絕到案，進行拘提任務的中山分局，只是負責法院拘提任務的執法單位，此又與迫害言論有何相干？

一名退休的警察局長曾說，因爲侯友宜從政參選，才會使得屬於刑事案件的鄭南榕案，一再被擴大誇釋爲侯友宜迫害言論自由。其實，鄭南榕案是一起歷史悲劇，豈料如此可歌可泣的民主情懷，卻因當年的中階警察幹部侯友宜今將角逐總統大位，又一次被拿出來指鹿爲馬，被這樣不斷地消費，不知道已經作古三十多年的鄭南榕，會做何感想？

一九九五年，時任台北市長的陳水扁，因在立法院國防委員會期間涉及撕毀選票，遭到檢察官以「妨害公務」罪嫌起訴，法官李吉祥傳訊阿扁二十多次未到，於是發出拘票，指揮台北市警局拘提當時的台北市長陳水扁到案，怎知老謀深算的阿扁，在拘票到期的最後一天，七月二十七日，竟以「長官」市長之姿，前往台北市刑大做例行性巡查，搞得當時的台北市警局長黃丁燦處境尷尬，彼時台北市刑大大隊長，就是侯友宜。

陳水扁在巡視北市刑大時還公開表示，隔天將會到法院報到說明，因爲北市警局未在拘票到期時拘提陳水扁，引起法官不滿並去電黃丁燦局長，要他注意拘票上的最後拘提時間。在阿扁離開北市刑大後，黃丁燦局長只得表示，陳水扁市長並無逃亡之虞，是市警局的直屬長官，爲了不傷害警察，讓政策可以運作，警察不應該介入政治案件。

爲何要提起台北市警局未遵從法官命令，在拘提期限前拘提直屬長官陳水扁這件事，我想講的是，在當時的時空背景，警察依法執法，會因上級長官的判斷而有所不同，像侯友宜這種要戰功有戰功，要知名度有知名度的警界明星，從警那天起，就很很清楚知道警察是國家的警察，效忠的是國家，而這個國家叫做中華民國，但因政治因素，令許多事都走了調，讓只想單純做警察的侯友宜，不時會有沉重的無奈感。

二〇〇四年的「三一九槍擊案」，是這本書另一大重點，那時候，我已在《蘋果日報》擔任資深社會記者。書中內容還原了警方偵辦「三一九案」的始末，讓讀者明瞭，侯友宜爲何至今都能擁有那麼強大的底氣，對於外界的質疑與譏諷、甚至以最廉價的泡沫劇情來形容，他也無所畏懼、總是信心滿滿。

最近兩個月，爲了寫這本書，我特地找了當年警方偵辦此案的核心人員深談，還閱覽了刑事局當年的調查報告，說實話，以我跑了三十多年的社會記者經驗，以及跑過上千件大大小小刑事案件來看，侯友宜領軍偵辦的「三一九案」，在當年的時空環境下，能夠破案眞的很不容易，但卻是我看過侯友宜偵辦過的重案中，「破」得漂亮但卻不圓滿的刑案。

此書，以侯友宜從警三十一年，我認爲可作爲侯友宜偵辦過的重案代表作，從他所辦的重案中，不難從中窺見侯友宜的辦案風格、行事原則與做事態度，本書內容按篇章囊括了白案嫌犯陳進興持槍挾持南非駐華武官現場紀錄、槍擊要犯陳新發、台灣悍匪張錫銘、胡關寶殺警奪槍綁架犯罪集團、台灣首名變態殺人淫魔張正義、掃蕩黑道幫派等精彩的警匪故事。

另外，還有健康幼稚園火燒車事件，這起意外讓侯友宜夫妻失去了摯愛的獨生子，也是他們此生最心痛的事，歷經低谷的侯友宜化悲痛爲力量，到大陸千島湖辦案，雖然此案受限於大陸方面，侯友宜沒能替罹難家屬揭露眞相，但此行辦案，卻爲兩岸合作共同打擊犯罪開啟了重要的新頁。

侯友宜在警界的戰功，爲他成功轉型從政，二〇一八年至今，從新北市長、及連任新北市長的「警察市長」，再到現在攻頂，挑戰二〇二四年的中華民國總統大位，侯友宜能否成爲台灣政治史上的首位「警察總統」，可謂衆所矚目。像這樣的一位警察英雄，一路走來行事風格大家都很熟悉，如今竟有人講他是「草包」，對認識他超過三十年的社會記者來說，眞的很難接受。

我想藉由這本書，帶領大家認識可愛有趣、有溫度、多面向的侯友宜，一個我長期以來接觸、觀察到的侯友宜，或許他沒有政客擅長的伶牙俐齒，但他行事正派、做事務實，遭遇難題和困境時，第一時間不是巧言辯駁，而是認眞思索如何針對問題，落實妥善解決之道。

眞正的侯友宜，是出身嘉義鄉間的南部囝仔，是打擊犯罪前鋒的警察英雄、亦爲少說多做不怕事的硬漢市長，相信未來，也會是勤政愛民的好總統，與台灣人民站在一起，引領我們大步向前，讓我們跟隨巨人的背影，風雨同行。

作者

張芳榮

目次

勇敢無懼

第壹部

一個警探的崛起

1-1 不做醫生，做警察，用生命捉壞人

出身嘉義縣朴子市的侯友宜，小時候熱愛棒球運動，這個成長於鄉間的純樸少年，自幼性格耿直，有點好動、又有點叛逆，就讀高中時，他偶然間看了《《中國十大名探》》一書，夢想學會「壁虎功」，成爲飛簷走壁、爲民除害的「蜘蛛人」，更以未來做個能伸張正義的神探爲職志，就此埋下從警之路的種子。

侯友宜出生於一個勤懇、平凡而幸福的家庭，家中共有四個兄弟姊妹，他排行老三。父親侯溪濱從侯友宜有記憶開始，就是以販賣豬肉養家活口，每天清晨三、四點，侯父就牽著腳踏車出門，先到屠宰場把要賣的豬肉處理好，再載往市場擺攤販賣。

到了下午打烊後，侯父又頂著高溫騎七、八公里的腳踏車，到偏遠的豬圈買豬，使盡全力將整頭豬扛上腳踏車，載往屠宰場，爲隔天販售的豬肉提前做好準備，靠著這樣日復一日的辛勤工作，撐起一家六口的生計，拉拔子女長大。

侯友宜曾回憶，一生勤懇認命的父親，是個土生土長的台灣人，年少時，曾經去當過台籍日本兵，替日本海軍艦隊維修飛機，後來又被徵召爲國民革命軍人，參加了第二次國共內戰，先後爲日本與國民黨打過仗，但父親從未詳述過這段往事。

直到侯友宜四十幾歲，某天六十多歲的老父親才拿出榮民證，「當時我還開玩笑地問，阿爸，這是哪裡騙來的？」但父親很驕傲地說，這張榮民證，是曾經爲國家做過事的證明，「雖然兩次都打了敗仗，但是我愛我的國家，我要用生命保衛國家！」

阿爸教的「樸實、認眞、打拚、自律」精神

經歷過戰爭的殘酷，侯父退伍後返鄉在嘉義朴子菜市場賣豬肉，在成家生子後，將養育四個孩子成爲社會有用的人視爲要務，侯父雖然自己教育程度不高，但總希望子女們能把書讀好，將來好好做事，對社會有所貢獻。

而侯友宜的母親侯呂秀蓮，是一位接受日本教育、性格樸實溫婉的傳統女性，除了每天盡心盡力協助丈夫擺攤賣豬肉做生意，在侯友宜等子女相繼出生後，還要持家張羅家中浩繁的食指，侯友宜曾說，雖然家中環境不好，但從小到大雙親給予他的，是滿滿的愛及絕對的信任。

侯友宜的手足中，二哥侯明鋒行醫近半世紀，治療過超過二十萬名的婦女，是國內乳癌權威教授，也是台灣外科醫學會理事長，更被譽爲「南台灣乳癌第

一刀」。

侯家兄弟感情深厚、各有所長，坊間曾有一個趣味的說法：「侯明鋒持手術刀、侯友宜拿衝鋒槍，一個靠女人吃飯，一個靠壞人吃飯」，事實上，侯明鋒爲病患解除病痛，侯友宜爲百姓除暴安良，本質都是在爲民除害、拯救生命！

侯友宜自認受父親的影響甚深，回想父親的一生，「阿爸生活簡樸、自律甚嚴，從不會誇口稱讚孩子。」但父親會在寒冷凜冽的冬天，將四個子女緊緊地摟在懷裡，讓孩子們感覺暖和一點，「阿爸的愛，是那種沒說出口、卻很實在的愛。」

平常雖然對兒女的話語不多，但侯父總會以身作則，秉持多做少說、嚴以律己、腳踏實地的人生觀，從雙親的言教身教中，侯友宜領會到，做人一定要「正直好心腸、誠懇守信用、謙卑和低調」。他坦言，從父親的身上，看到了樸實、認眞、打拚、自律的正港台灣人精神，長大進入社會後，他也以此時時提醒自己。

二〇二一年十一月，侯溪濱先生以九十三歲高齡在睡夢中辭世，侯家根據侯父生前的交代低調治喪，不發訃聞、不收花籃與奠儀，當時很多親友要來上香弔唁，均遭侯家婉拒。不過，在侯溪濱出殯當天，還是有許多親友和地方人士前來送別。

侯友宜透露，當時阿爸病逝的消息，家人們並不敢跟阿母說，擔心她受到刺激打擊，但阿母遍尋不著牽手七十年的老伴，最後似乎也感受到老伴已經不在了。二〇二二年五月，侯友宜高齡九十歲的母親侯呂秀蓮也離世，父母過世時隔約六個月，短短半年，侯友宜便相繼失去了父親和母親，「我眞的眞的很悲慟！也很感謝阿爸阿母的養育之恩，成就了今天的我。」

考上警大：將相原無種、男兒當自強

侯友宜說，自己的童年生活，家境雖不富有，但很快樂滿足，在成長過程中，除了念書，棒球也是重要的興趣。從小熱愛運動的侯友宜，就讀嘉義縣朴子國小時，擔任學校棒球隊的捕手，有一次，他打球不小心擦傷了額頭，流了很多血，回家後被父親看見，「阿爸很緊張，立刻抱著我衝到醫院，後來跟我說，喜歡打棒球要先顧好身體。」這話令他深感，說出口的是原則，沒說出口的是很深很深的父愛。

後來侯友宜上了嘉義縣東石國中，當時被選為擔任班上的風紀股長，負責管理班上的秩序，他苦笑，這是一份吃力不討好又會得罪人的職務，但他也因此有所獲得，「我常常警惕自己，要把書讀好，也要服務好同學。」從中嘗試學習待人處事的分寸，最後他與同學們相處融洽，畢業時，班導師戴全明更以「將相原無種、男兒當自強」相贈作爲勉勵，侯友宜說：「這十個字，也成爲我鞭策自己不斷向前的動力。」

侯友宜之後考上嘉義高中，順利完成學業後，大學聯考的成績不俗，當年可以進中央警官學校（今中央警察大學）、國防醫學院、及高雄師範學校就讀，面對抉擇時，當時家人希望他可以去念醫科，但是他沒有像二哥侯明鋒、副總統賴清德、民衆黨主席柯文哲，穿上白袍當醫生，而是決定實現當初「蜘蛛人」的夢想，選擇去念警大，以後當一個抓壞人的英勇警察。

在台灣早期社會，就讀醫學系所，需要昂貴的學費，並非一般家庭能夠負擔，侯家亦然，彼時侯友宜的二哥已經念醫，平時除了忙功課外，還得打工賺學費和生活費，相當辛苦。侯友宜說，相較於昂貴的醫學院，警大是公費，想到日後如果當了警察，既能和擁有壁虎功的蜘蛛人一樣，四處追捕不法之徒，又可以伸張正義，十九歲的侯友宜，於是背著簡單行囊，隻身從嘉義搭火車到了台北，進入警大接受警察教育。

爲學長姐弟妹準備一份「阿母的愛心」

進入大學生活後，侯友宜並沒有因此開始鬆懈享樂，他的自律，從四年讀書從沒一天遲到早退或請假，也沒有被記過缺點，畢業時還獲得「榮譽獎」中清楚可見；而因擅長美工製圖，校內學刊也是由他包辦。侯友宜表示，他很清楚，要當警察體力非常重要，因此除了念書與課外活動，他也每天跑步、游泳，鍛鍊體能毫不懈怠，爲未來從警之路做好萬全的準備。

如果提及侯友宜的警大生活，就要講講他擔任「伙委」時的貼心之舉，每天早餐時，侯友宜都會幫學長姐弟妹準備一顆荷包蛋，而這其實背後是有一份「阿母的愛心」，侯友宜說，從就讀國中起，母親每天早餐都會準備荷包蛋給他吃，他笑言：「阿母的荷包蛋，是我最溫暖美味的活力早餐，有營養又有心意，所以也為學長姐弟妹準備了這份阿母的愛心！」

侯友宜的能文能武，同學們都知道，而他不僅愛看《中國十大名探》，同時也愛看當時以報導各種社會現象與脈動、刑事案件為主的《追追追》雜誌，並經常不吝和同學們分享自己的讀後心得，侯友宜當年憑著雜誌中提供的案情和資訊，所推演出來的論點與分析，都十分精闢而有新意，常讓大家聽得目瞪口呆、嘖嘖稱奇。

侯友宜大學畢業典禮時，是侯家父母第一次北上到警大，看著兒子得獎，雙親相當高興驕傲，他也帶著父母到處走走，介紹學校環境，還跟父母有說有笑地講他四年警大生的生活，不過，侯家父母擔心他畢業後就要當警察，一來經常與歹徒周旋的工作難免潛藏危險、二來與三教九流打交道怕會染上惡習，但當時侯友宜篤定自豪地跟雙親保證：「我是阿爸、阿母的兒子，不會學壞，安啦！」

第一志願分發上台北市刑警大隊

一九八〇年，侯友宜自中央警察大學刑事系四十五期畢業，以第一志願分發到「台北市刑警大隊」偵一隊任分隊長。雖然是一線四星警官，還負責帶一個小隊，但是刑警這行業，並不是比官階大小，而是講求破案實力，個性認真的侯友宜來到北市刑大後，幾乎天天都睡在偵一隊寢室，經常抱著屍體照片入眠，藉此激發破案靈感。

當然，侯友宜也和多數職場新鮮人一樣，吃過老鳥的暗虧，歷經過一段磨合，最後他都以智慧與適當的溝通，令共事的老刑警們折服，而侯友宜在這段期間，也學得了進入職場後做人處事的第一個課題「不爭功」。

某次，一位老刑警表示要帶他去捉要犯，奇怪的是侯友宜早在前一天就已緝捕到那名要犯到案；後來老刑警又抱怨自己的手銬不太好用，要求跟他換……

對於老刑警表現出的一些莫名行徑，侯友宜一時間摸不著頭腦，有很多的疑問，直到被隊長提點斥責後，他才知道原來功勞都要歸給老刑警。眞相大白之餘，侯友宜非但沒生氣，反而仍身先士卒，更樂於與老刑警分享功獎。

日久見人心，經過了一段時間的共事相處，那位老刑警見侯友宜從不搶功、不卸責，尊敬前輩、關照部屬，而且遇事時總是第一個往前衝，最後終於心悅誠服，甘願地喊他一聲「長仔」（台語老大之意），至此之後，老刑警都十分服從、配合侯友宜的指揮領導。

1-2 一年逮捕三名十大槍擊要犯

一九八〇年代及一九九〇年代，台灣黑道猖獗、槍枝氾濫，時任台北市警察局局長的顏世錫，為壓制黑道幫派活動，特於一九八一年八月成立台北市刑大「除暴組」，當時的大隊長張友文指派偵四隊長魯俊兼任除暴組長，打擊全市黑幫組織及活動，侯友宜就是其中的一員，而他也沒讓長官失望，日後創下一年逮捕三名十大槍擊要犯張瑞東、官州鎮、梁國愷的輝煌紀錄。

除了工作上有所斬獲，一九八三年，侯友宜也完成了終身大事，與妻子任美鈴結婚。他曾說，這輩子最感恩的就是太太，透露當年自警官學校畢業後，留在台北當北漂刑警，單身一人好長一段時日，直到某次聚會結識做會計的任美鈴，才締結了這段良緣。

當年，兩人約會時經常到武昌街吃排骨飯，邊吃邊聊頗爲投契，聊天中任美鈴得知侯友宜還沒找到房子，晚上都睡在隊上寢室，恰巧她家中還有空房，便問他要不要來當房客，奇妙的緣分讓他們一路從飯友、房客進展到好朋友，最後戀愛、交往、結婚、成家。

背後有妻子的支持，讓侯友宜在工作上無後顧之憂，更加盡心盡力。一九八四年至一九九〇年間，警方針對國內的重大暴力犯罪分子，制定公布了「重大槍擊要犯查緝專刊」，並加以追緝，在這份專刊中，名列前十名的通緝犯，就是俗稱的「十大槍擊要犯」，透過新聞媒體的傳播與警方宣傳，當時廣受社會大衆關注。

搏命擒獲天道盟大哥張瑞東！

被刑事局列入十大槍擊要犯之一的「天道盟」大哥張瑞東，道上兄弟稱他「阿東」，一向有仇必報，囂張的是，他報仇時還一定要將仇家擊斃，乃當年警方的頭痛人物。惡性重大的阿東，某次見到前女友和昔日仇家，相偕到西門町一家戲院看電影，當時他也買票尾隨進去，特地選在仇家後方坐下，當燈光變暗，電影開播時，阿東就掏出槍朝對方後腦轟下去，步出戲院後，阿東又順手擊斃仇家的保鑣，極爲殘暴。

一九八四年中，侯友宜一名同事的友人到辦公室串門子，看到牆上貼著刑事局公布的十大槍擊要犯查緝專刊，驚訝地指著名單中的張瑞東照片說：「兩天前，我在台中一間服飾店前見過他。」侯友宜當下好奇地詢問：「你確定是阿東？」該友人點頭稱：「是呀！我很確定、是阿東！」侯友宜在問清楚地點後，立刻親自帶上幾名探員、開著兩輛車南下台中。

邪門的是，侯友宜等人的座車行駛在高速公路上，居然接連發生爆胎兩次的意外，大夥兒費了很大的功夫才將車修理好，當時兄弟們內心都覺得怪怪的，目光投向「長仔」，等他做出決定，冷靜沉著的侯友宜不慌不忙，用台語從容地安撫大家說：「沒事、沒事！」隨即一行人開車繼續前往台中。

未久，侯友宜等人抵達台中那間服飾店，全員在外守候，之後服飾店內走出三名男子，在附近咖啡廳轉了一圈，便準備攔計程車要離去，侯友宜見狀獨自跟了上去，但是因為有段距離，無法百分之百確認就是要找的阿東。

「機會稍縱卽逝，一個要對付三個人，到底要不要動手？」當大多數人先考量敵我狀況，再決定是否動手時，侯友宜見機不可失，想都沒想便趁對方上車時，上前伸手往阿東腰際一探，立刻抽出一把小型烏茲衝鋒槍，阿東察覺異狀，立刻轉身又掏出一把短槍欲反擊，所幸其他同事已衝抵控制住現場，張瑞東就此落網，而他也是侯友宜搏命擒獲的第一個十大槍擊要犯。

扭打逮捕歌廳秀惡霸官州鎮

侯友宜逮捕張瑞東將其移送法辦後，又接獲線報指稱，另一個十大槍擊要犯官州鎮，某日中午要到敦化南路一家餐廳與人談判。話說同樣是天道盟大哥的官州鎮，在台北市歌廳秀全盛時期，以暴力包攬餐廳秀，連綜藝大哥大張菲、胡瓜等也曾受害，而官州鎮為獨佔秀場利益，不惜開槍擊斃一名對手，還打傷多人，因此也被刑事局列入十大槍擊要犯。

侯友宜在獲報後，便與四名弟兄開車前往埋伏，未料等到下午，都沒見到官州鎮的蹤影。由於埋伏抓人未果，有刑警便提議撤哨，但侯友宜認為，既然都來了，那就再耐著性子等等看，就這樣，警方在車上埋伏，又多守候了兩個小時，而隨後對方也果真現身了，當時侯友宜等人見狀立刻衝下車，一路從仁愛路狂奔追到信義路，刑警林賢欽開了三槍，侯友宜則伺機壓制官州鎮，兩人在地上扭打，待支援同事到達，協助一舉將官州鎮捕獲。

攻堅救援一家五口人質，扳倒殺手梁國愷

一九八五年七月，連續槍殺自家老大的萬華芳明館殺手「珍珠呆」梁國愷，爲躲避侯友宜等警方的追捕，南下向軍火販子許金德購買衝鋒槍，並與另名十大槍擊要犯李慧昌結合，準備流竄全台犯案，卻因爲在嘉義六腳鄉公路超速，被兩名公路警察攔查，怎料梁國愷竟拿出衝鋒槍掃射，所幸兩警也開槍射擊反制，行蹤暴露的梁國愷，便棄車改搭計程車，再轉客運逃回台北。

當時梁國愷逃回新北板橋雙十路一處公寓躲藏，但被刑警林賢欽的線民獲知，立刻通報警方，林賢欽在向侯友宜報告後，警方立卽派員到現場勘查地形，並繪製現場街道圖，準備進行攻堅行動。

其實，這處板橋雙十路的公寓，就是侯友宜在追捕梁國愷時，用來預備誘捕的一處監控點，侯友宜在確認梁國愷藏身位置後，立卽向大隊長張友文、市警

局長顏世錫報告，隨卽帶著三十多名特勤隊隊員，前去包圍梁國愷及其小弟「小四」王邦駒等人。

當時大隊長張友文依現場街道狀況，將人員分成五組。第一組由侯友宜率領負責攻堅，第二組負責公寓正面，第三、四組則分別負責左側和右側，第五組負責公寓背面。當梁國愷發現侯友宜帶隊緝捕時相當生氣，不僅對侯友宜等人開槍射擊，還挾持屋主一家五口爲人質，雙方火力全開。

大約二十分鐘後，有一名女性人質逃了出來，跟侯友宜說明屋內狀況，表示自己的老公和小孩均遭到另一嫌挾持逃至隔壁房間，侯友宜等人隨卽進屋救援，但一進室內就看見梁國愷已服毒自殺倒下，而小弟王邦駒則挾持屋主父子，在刑警鄧巽昇與之談判勸降後，王邦駒終於釋放人質束手就擒。

「一清專案」與竹聯幫

除了拿下十大槍擊要犯中的三嫌，在一九八四的「一清專案」中，侯友宜也表現亮眼，當時仍是台灣戒嚴時期，在台灣警備總司令部主導下，依據《台灣省戒嚴時期取締流氓辦法》，由內政部前部長吳伯雄在警政署宣布，展開全國同步執行大掃黑，代號爲「一清專案」，當時第一個鎖定的，就是日益壯大的「竹聯幫」。

由於竹聯幫精神領袖陳啟禮與幫中人員吳敦、董桂森，涉及在美國槍殺了《蔣經國傳》一書的作家江南（本名劉宜良），一九八四年十一月十二日，陳啟禮甫自美返台，前往北市木柵區拜訪親戚，時任市刑大除暴組分隊長侯友宜奉命，持檢察官開的拘票，帶隊前去將他拘提到案，同時也搜索了陳啟禮的公司、雜誌社等處所。

一清雷厲風行，曾經在一夜之間，警方就逮捕了五十多名幫派大哥。當年台北市警局十六個分局局長，各自帶領分局刑事組共計四百多名刑警，持檢察官開具的拘票、搜索票，在轄內的竹聯、四海、松聯、北聯及萬華、大同等幫派進行強勢執法，彼時台北市上百個黑幫堂口、角頭事務所風聲鶴唳，全遭警方圍剿掃蕩。

根據統計，一清專案總共緝捕了四千多名全台幫派大哥，光是竹聯大哥就捉了上千人，甚至衍生出「綠島暴動」等重大事件，當年大哥們以性命抗議高喊「我們要回家」口號，老一輩的人迄今記憶猶新。

一清專案也改變了台灣黑道及政治生態，黑道幫派透過選舉，進入立法院及各縣市地方議會或地方民代和村里長，更成爲日後台灣選舉的黑勢力，黑金政治、黑道治國的說法應運而生。

至於大哥們被掃進綠島後，旗下小弟紛紛爭搶上位，黑幫角頭組織重新洗牌。而爲對抗竹聯幫勢力，本省角頭也結合成立「天道盟」，後來「竹聯幫」、「四海幫」、「天道盟」，被稱爲台灣三大黑幫組織。

侯友宜指出，當年執行一清專案有其時代背景，因爲當時許多幫派行事囂張，明目張膽犯罪，幫派大哥更動輒自稱「幫主」，毫無避諱，由於當時黑幫與部分白道的關係太過密切，實施一清可將黑白之間的模糊地帶劃分清楚。

1-3 鄭南榕自焚案的執法過程

侯友宜的警務生涯中，除了一九九七年，與白曉燕案主嫌陳進興交手，成功救出遭挾持的南非武官卓懋祺一家，一九八九年的「鄭南榕自焚案」，亦堪稱侯友宜從警歷程中的一大事件。

當年遭控涉嫌叛亂罪，「自囚」於雜誌社的《自由時代周刊》總編輯鄭南榕，在警方在拘提的過程中，點燃汽油自焚身亡，這段歷史往事在侯友宜二〇一八年參選新北市長選舉時，遭綠營和家屬提出並抨擊，指稱當年是警方強勢攻堅而造成悲劇。

對於鄭家家屬的說法，侯友宜始終以「尊重家屬」的態度面對，至於綠營民代的言論，侯友宜則強調，當時所有流程均是「依法執法」，並希望歷史的悲劇，不要淪爲政治選戰操作的棋子。

連續傳喚鄭南榕不到，依法強制拘提

一九八九年一月，鄭南榕因在雜誌上刊登《台灣共和國憲法草案》，故法院以涉嫌叛亂罪連續傳喚鄭南榕，他都拒絕出庭，轄區中山分局也獲報，鄭南榕可能以汽油自焚方式抗議。首席檢察官陳涵仍然決定採取強制拘提手段，並由負責檢察官陳耀能在四月四日簽發、至八日截止的拘票，交由中山分局執行拘提任務。

四月七日上午七點半，中山分局長王郡及刑事組長侯友宜召相關人員進行勤前教育，出動了中山分局刑事組、霹靂小組、消防隊百人進行拘提行動，警方也請當地里長陪同前去雜誌社，法務部調查局亦派人前往現場蒐集情報。

中山分局民權二派出所主管張奇文宣讀拘票內容，第一次沒有回應。在張奇文第二次宣讀拘票內容時，屋裡突然丟出兩顆汽油彈，當時站在樓梯口的消防大隊分隊長莫懷祖首當其衝，臉部遭烈焰嚴重灼傷，隊員徐志成、徐源進也未倖免。

還有霹靂小組成員黃文夏上半身燒傷、刑事組巡佐鄧巽昇腿摔斷。兩顆汽油彈，造成十七名警消受傷，傷者送醫急救後，以莫懷祖傷勢最重，復健面具戴了很多年，時至今日，臉上傷痕依舊清晰可見。

依法執法，難以承受之重

事發當時，鄭南榕在總編輯辦公室內將房門反鎖，隨即引燃預備的汽油桶自焚身亡。消防人員從火警現場救出鄭南榕之女鄭竹梅等人，隨後警方封鎖現場，交由檢察官調查。那時警方採取的強制拘提手段，一度引來社會高度質疑，抨擊聲浪不斷，直到中山分局長王郡外調台東縣警察局長後，輿論才逐漸趨緩。

對此，侯友宜曾表示，當年接到高檢署簽發的「限期拘票」，「是奉各級長官的命令辦事，基層無法抗命。」

而過程中，警消同仁將包括鄭南榕之女在內的屋內十二人救出，甚至還有多名弟兄因爲這起事件嚴重燒傷，他非常心痛，但是對他來說，「那是一次依法行事的執法過程。」

多年後，時任新北市副市長侯友宜，代表國民黨參加二〇一八年、二〇二二年新北市長選舉時，均破百萬勝選，但在選舉期間，綠營仍不斷用「鄭南榕事件」來指責他「迫害言論自由」，來到二〇二四總統選戰中，「鄭南榕案」又繼續被消費，沒想到這段歷史悲劇碰到選舉竟完全變了樣。

事實上，一名依法執法的警察人員，如果因爲參與政治，就成爲「害死鄭南榕的人」，這樣的結論對於依法執法的警察人員而言，實在是難以承受之重！

1-4 從最年輕的警察龍頭、市長到參選總統

從警之路山高水長，侯友宜總是位居在一線打擊犯罪，每逢春節幾乎都在加班，他曾經長達二十七年，沒回過嘉義老家陪伴父母圍爐。每每母親來電，侯友宜為了避免讓老人家擔心，向來都是報喜不報憂，在與侯友宜通話後，母親也了然於心從不多問，只是懇切叮囑兒子，三餐要記得吃、好好保重身體。

當年在成功緝捕陳進興後，侯友宜成了「人民英雄」，隨即被拔擢升任刑事局副局長，任內曾在中央警察大學犯罪防治研究所進修，二〇〇〇年調桃園縣警察局局長，因努力拚治安，獲得縣長朱立倫賞識與信任。

二〇〇三年六月，侯友宜調升刑事警察局長，因中南部暴力強盜集團流竄犯案，於是，在台中、高雄，分別成立中部和南部打擊犯罪中心，專責打擊黑道幫派活動，當時侯友宜只有四十六歲，也成爲最年輕的全國刑事龍頭。

揮別警職生涯，開啟從政的奇異旅程

除了警務工作，侯友宜也不忘充實自我，於二〇〇五年取得中央警察大學犯罪防治所博士學位。二〇〇六年一月，侯友宜以不到五十歲的年齡，成爲統領八萬警察大軍的警政署長。二〇〇八年因政黨輪替，被調至中央警察大學擔任校長，從「前線」退到「後方」，擔任警察教育工作。

二〇一〇年十二月，新北市長朱立倫延攬侯友宜擔任新北市副市長，被外界稱爲「侯副」，就此侯友宜揮別他三十一年的警職生涯，開啟從政的奇異旅程。

勿忘初衷，好好做事！

來自嘉義朴子鄉間的侯友宜坦言，自己從未忘記雙親的教誨，在人生的道路上一步一腳印，總是認真踏實地做事，而因深受民衆愛戴與期許，侯友宜後來選上新北市市長，接著又被中國國民黨委以重任，提名參選二〇二四總統大選。

侯友宜身爲一九九六年民選總統以來首位出身警察的總統參選人、中華民國政府基層文官系統栽培出來參選總統的第一人，侯友宜強調，「勿忘初衷，好好做事，民之所欲、常在我心；民之所苦、猶如切身。」是他未來擔任更重要的職務時，所不能忘懷的事。

第貳部

火線辦案現場／衝衝衝！

2-1 槍口下的英雄

「請不要叫我英雄！我不是英雄！我只是在盡一個警察的本分。」

「打擊罪犯、維護台灣人民安全的所有警察，才是英雄！」

從警三十一年的侯友宜，從基層一線四星的基層刑事警官，升至全國刑事警察的龍頭，再一路從擔任統領八萬警察大軍的全國警察龍頭、內政部警政署長及中央警察大學校長，除了警大校長外，其他職位都是位居第一線打擊罪犯、維護社會治安，有人說他是搭直升機的「超級警察」，但更多台灣民眾認為，侯友宜的每次升職都是用性命換來的，是紮紮實實的「警察英雄」！

在警界，侯友宜就是傳奇，而且空前絕後，不僅擔任過警界最重要的刑事警察局長、警政署長、中央警察大學校長等號稱「三長」的重要職務，最讓警界後輩談及的是，侯友宜每天在槍林彈雨中討生活，經歷過三十多場槍戰，幾乎每一個著名的槍擊要犯像是陳新發、胡關寶、陳進興、張錫銘等，都曾經用槍指著他的頭，但侯友宜每回都能逢凶化吉，或許是老天也希望他繼續剷奸除惡，爲人民和國家打拚。

在槍戰中，侯友宜曾多次親眼目睹共事的警察弟兄被歹徒直槍射殺、全身鮮血倒地，或是中彈癱瘓，面對警眷家屬的傷心悲痛，他們原本以爲老公、爸爸、兒子、哥哥、弟弟只不過是上班追捕壞人，但最後卻落到殉職、永遠回不了家的結局，感同身受的侯友宜說：「我會保衛國家、保護人民，直到我倒下來，被國旗覆蓋棺木的那一刻！」

侯友宜的警察傳奇故事

侯友宜曾在追憶殉職犧牲的同僚時，感概：「我的命，是無數弟兄相挺才倖存的，我們的命，是爲國家、人民而存在，這份信念，至死不渝！」因擁有這樣的信念，如今侯友宜遇到任何的磨難與艱辛，都覺得算不了什麼，因爲他要用自己的生命，來扮演讓「國家安全、人民平安、台海穩定、世界安心」的最強執行者！

侯友宜的警察傳奇故事不勝枚舉，最被人津津樂道的是，他擔任台北市刑警大隊長時，在南非駐華武官卓懋祺一家人，遭白曉燕案嫌犯陳進興挾持當人質的事件中，侯友宜隻身入險、三進三出，最後救出小嬰兒在內的三名人質。彼時透過新聞媒體的現場實況轉播，侯友宜不僅成爲了台灣民衆心目中的英雄，更是年輕刑警所崇拜的新偶像，無庸置疑地，侯友宜是一九九七年警界中最HOT、也最TOP的風雲人物。

不可諱言，當年在發生前桃園縣長劉邦友官邸血案、前民進黨婦女發展部主任彭婉如命案、知名藝人白冰冰獨生女白曉燕命案等「三大刑案」後，國內警察的形象跌至谷底，但卻因侯友宜冒著生命危險，從惡徒陳進興的槍口下，搶救出受傷的南非武官卓懋祺及其家人而提振，民衆也終於看到警察的英勇表現。在此事件過後，連征戰沙場多年的卓懋祺，也不禁直言「這肯定是我所見過最英勇的行爲之一」，更在自己所著的書中《眞愛：南非武官VS.陳進興的故事》，以「最勇敢的大隊長」來讚揚侯友宜，感謝侯友宜的救命之恩。

由於陳進興挾持南非駐華武官卓懋祺一家人的事件，發生在一九九七年縣市長選舉期間，冒死救援人質成功的英雄侯友宜，之後也立刻成爲國民黨籍候選人爭相邀請上台演講的熱門人選，基於警察在選戰中必須要保持「行政中立」的堅定立場，他完全謝絕了這些熱情邀約。

事實上從警以來，已經做過很多次英雄的侯友宜，早已學會不被「英雄」兩個字沖昏頭，也深知警界最忌諱的就是「個人英雄光環」，時至今日，侯友宜都小心翼翼、低調地處理別人對他的讚揚與掌聲。

我的槍可是打很準的！

翻開侯友宜的從警歷程，我們可以看到，一九七六年六月，侯友宜進入中央警官學校刑事系就讀，那時校本部在台北市萬華區廣州街，因此他的活動地點多在區內的萬華龍山寺及廣州街夜市一帶。一九八〇年七月，侯友宜自警官學校畢業，年輕的他帶著簡單行李到北市刑大偵一隊報到，開始擔任一線四星分隊長。

當年的侯友宜就跟其他北漂的學長一樣，隻身在台北、也沒地方住，於是他暫住在北市刑大駐地，直到找到房子才搬出去。而當年，台北市刑大偵一隊堪稱是首席外勤隊，素以偵辦強盜、暴力、槍枝，黑幫等重大犯罪集團爲主，隊部內人才濟濟！

一般來說，警大刑事系學生一畢業，就可以被派到刑事單位擔任刑警工作，在那個年代是很不容易的。因刑警數量較少、加上工作危險性高，大部分都是行政警官擔任兩、三年後，有實際的第一線刑警工作經驗後，才會派任刑事警察大隊或分局刑事組任刑警，故侯友宜甫自警大畢業，立即就能被派到北市刑大偵一隊任分隊長，一年後被調往剛成立的除暴組，專責打黑，足可見長官對侯友宜的器重。

立志當刑警的侯友宜聰明、認眞、好學、勤快，更重要的是，他身上看不出官僚氣息，對待共事的隊部學長們相當客氣，而且是發自內心的尊重和敬重。但無可避免的，侯友宜在北市刑大偵一隊時，當時還是個職場新鮮人，他也跟時下衆多年輕人一樣，在職場上吃過老鳥的暗虧。

侯友宜偵辦刑案，總會第一個衝鋒陷陣，不過，當年有些學長卻有任意開槍的壞習慣，某次，侯友宜拿槍在前方拚命追著歹徒，竟然發生有學長在他背後開槍的離譜狀況，侯友宜事後問學長：「爲何要在背後開槍？」不料學長竟回答：「長仔，安啦！我們開槍都打不準的！」

雖然侯友宜對於不能在背後開槍的事再三勸誡，但有些刑警學長仍屢勸不聽，覺得沒那麼嚴重，並不當回事，有一回，又發生了侯友宜拿槍跑在前面追捕歹徒，有學長仍在他背後開槍的危險場面，這一回他決定不忍了，轉頭對學長大吼：「你再在我背後開槍，我就開槍打你，不過，我的槍可是打很準的！」

侯友宜是北市刑大培養出來的優秀刑警

侯友宜三進三出台北市刑警大隊，戰功彪炳，是北市刑大栽培出來的優秀刑事警察幹部，如今被提名參選二〇二四年總統大選，亦爲北市刑大的一種榮耀。而他與妻子任美鈴的戀愛故事，更可說是姻緣天注定，老天早就將他倆的姻緣用紅線綁在一起，而這個月老，其實就是侯友宜的已故岳父「任董」。

當年侯友宜到北市刑大上班才三個月，在一場餐會中，就被任董挑中要做女婿，雖然後來隨著任董病逝，侯友宜與任董的女兒任美鈴也來不及相識，此事不了了之，但姻緣這種事實在很神奇，兜兜轉轉一圈，他們最後仍走在一起，攜手成爲佳偶，這段佳話至今也仍在北市刑大被傳頌。

提及這段往事，就要說到某次有個刑警學長見侯友宜認眞好學，便帶著他與外面友人聚餐，幫他介紹朋友、拓展人脈，以利於日後辦案，席間的這位任董，平時就對刑警十分照顧，只要刑警們有需要，他就會出手相助，算是刑警圈內的超級好麻吉。

有趣的是，任董對於坐在飯桌上只喝水、少講話的侯友宜十分感興趣，以他在商場身經百戰閱人無數的經驗，一看就知道，這位年輕人才剛剛當刑警，是個「古意人」（台語老實人之意）！

任董問了問侯友宜的家裡狀況後，聽到侯友宜說要以刑警作爲一生志業，就笑著問：「要不要我教你做生意？」侯友宜聽後立刻婉拒，還強調：「我要當刑警，保護人民和國家！」孰料任董聽完後不僅沒生氣，臉上竟還露出滿意的笑容。

由於任董很欣賞古意話不多的侯友宜，當場在餐桌上就告訴他：「那我要把女兒嫁給你！」老實木訥的侯友宜聽了，當下滿臉通紅愣在一旁，其他老刑警們見狀都哈哈大笑，起哄要侯友宜叫任董「岳父」，而侯友宜則是手足無措地一直傻笑。

可惜不久之後，這位性格豪爽的警界之友溘然病逝，知道這件趣事的學長們都爲侯友宜感到婉惜，而他其實是完全不在意，因爲警務工作太繁忙，每天侯友宜都跟著學長們外出辦重案，半夜才回到辦公室睡覺，等到次日一早又要出門，對於談戀愛什麼的，侯友宜根本分身乏術。

侯友宜「牽手」任美鈴

一九八二年初，侯友宜與學長學弟在餐廳聚會，因而認識了在餐廳擔任會計的任美鈴，兩人很談得來。女方雖然祖籍是上海人，但台語說得極好，而且漂亮又能幹，兩人都對彼此互有好感，於是慢慢地開始談起戀愛、進而交往。老刑警說，記得當時每天晚上九點，任小姐就會來到辦公室等候侯友宜下班，直到見著人、說了一些話後，才會離開返家。

由於侯友宜一直以工作爲重，距離北市刑大很近的武昌街名店「排骨大王」，就成爲侯、任兩人約會相聚的用餐地點。當時任美鈴聽侯友宜說要找房子，便說家中有閒置的房間可租給他，侯友宜就此成為任家的房客。

那時，借住隊上寢室有一段時日的侯友宜，對其他學長總是感到很不好意思，搬離前，他和學長們說找到了房子要搬出去，但從侯友宜臉上看見洋溢著幸福十足的表情，學長們就明瞭他墜入愛河了。而搬過去後，侯友宜在女方家中，見到曾說要將女兒嫁給他的任董照片，才知道任董竟是女友的父親，為這個巧合深感驚訝。

其實，侯友宜妻子任美鈴的父親，是個上海幫商人，來台後就在陽明山投資房地產和土地事業，病逝後，任美鈴和兩位姐姐承繼了家產。據悉，任父生前就逐漸將事業交給三女兒任美鈴經營，而侯友宜在二〇一八年、二〇二二年新北市長選舉，還有二〇二四年總統大選參選時，因岳家的殷實資產遭到民進黨攻擊時，侯友宜曾感慨：「太太娘家的財產因為我選舉而被抹黑、栽贓，真的很心疼！」

隨著侯、任倆的感情發展穩定，侯友宜後來便帶著女友返回家鄉嘉義見父母，侯家雙親都是開明的家長，對小倆口表示：「你們兩個覺得好，我們也沒意見。」侯父僅簡短堅定地叮囑，要侯友宜千萬不能介入老婆娘家的財務，一九八三年，侯友宜與任美鈴結婚，很快地，他們也迎來了第一個孩子——長女侯昱帆。

「黑道剋星」侯友宜

在侯友宜的職涯方面，若說到他的掃蕩黑幫史，就必須先提到兩部分：一是帶侯友宜入行的啟蒙老師，即擁有「少年剋星」之稱的警官魯俊，當時被稱爲「魯老師」的魯俊，在黑白兩道都頗受敬重；另外還有就是國內警政史上，唯一一支爲對付黑道幫派設立，成就了侯友宜成爲「黑道剋星」的台北市刑警大隊除暴組。

一九八一年，國內黑道幫派活動頻繁，竹聯、四海、松聯、牛埔、下厝庄等外省、本省幫派林立，天天都有幫派火拚的殺人、槍擊等暴力事件，台灣治安亮起紅燈。爲貫徹政府打擊黑道幫派的政策，時任台北市警局局長的顏世錫特於同年八月，在刑事警察大隊成立國內第一支、也是唯一一支的除暴組。

當年的除暴組，包括組長魯俊在內不過十二名成員，卻完全掌控了台北市所有大小黑幫的活動及狀況，只要幫派間有影響治安的風吹草動，除暴組便會立刻出現，而除暴組的神出鬼沒，也帶給黑道幫派兄弟極大的壓力，產生了微妙的制衡作用。

因此，台北市角頭老大爲了躲避侯友宜等除暴組人員的查緝，就曾經命令小弟們，將除暴組駕駛的所有偵防車、私家車、機車車牌號碼全都登記下來，只要見到這些車在附近出現，就趕緊迴避、走爲上策，目的就是避免與除暴組成員正面交鋒。

彼時的除暴組成員，因此也在當時警察單位中走路有風。老一輩的刑警講究倫理、輩分、革命情感和破案能力，官階對於老刑警來講，並不代表是破案的保證，而這也和現今年輕一代的刑警生態非常不同。

初生之犢的侯友宜，憑著自己的機智與幹勁，很快地就融入了刑警工作中，跟著與外面黑道熟稔的老刑警一步步學習，他隨時都帶著一本筆記，記錄所接觸的黑道幫派成員、人脈、經濟來源和個人資料、喜好等，這也成了他每天必做的功課，直到今天，侯友宜仍維持隨身攜帶筆記本，記下重要資訊的習慣。

侯友宜加入除暴組後，跟著老刑警摸熟黑道幫派門路，接著就帶領志同道合、年紀相仿的組員，深入幫派核心，蒐集情資和活動情形，連續展開了一波波強勢掃蕩，深夜常可看見侯友宜返隊拿槍，帶著兩名組員外出辦案，國內第一大幫派竹聯幫的多處堂口，就這樣被侯友宜率隊剷除了，不少黑幫大哥如蔡冠倫、陳功等人，也分別被他逮捕移送。

短短兩、三年時間，在侯友宜剽悍作風的帶領下，除暴組在國內警界繳出了漂亮的成績單，衆多黑道人物們只要聽到除暴組這三個字，無不聞風喪膽、退避三舍，侯友宜也在警界闖出了名號，被視爲破案與掃黑的金字招牌。

但由於侯友宜毫不留情地掃蕩黑幫堂口，故也成爲了黑道幫派兄弟極力剷除的對象。爲報復侯友宜的緊迫追擊，竹聯幫一堂口兄弟，就曾經揚言要帶著炸彈到侯友宜的住處，「轟」掉侯友宜及其家人，但還沒來得及抵達侯家，中途就被侯友宜帶人逮捕到案。

原來侯友宜事先便獲得線報，知悉竹聯幫某堂口將對他進行狙殺報復行動，因此，他每天從北市刑大下班後，返家時都相當謹愼，絕不走相同的路線，有天深夜，侯友宜開車離開北市刑大，才發動車子開了幾分鐘，就發現有一輛車緊跟在後，他故意轉入巷內，該車也尾隨而進，當下的第一直覺告訴侯友宜，自己被人跟蹤了。

侯友宜當時不動聲色地開著車，轉回了北市刑大，隨即拿槍並找來兩名弟兄，轉而跟蹤對方的車，到了南門市場附近，立刻將該車攔下，逮捕了帶著槍和炸彈的那名竹聯幫某堂口大哥，而對於當時侯友宜突然現身眼前，也讓那名大哥相當傻眼錯愕。

經過問訊，侯友宜獲知那名大哥不僅要用炸彈「轟」他，還要「炸」他的家人，當時，侯友宜與妻子、兒女、岳母等人住在一起，而黑幫竟然連他的無辜家人都想要傷害，此後，侯友宜不僅回家會多繞幾圈，也不會走相同的路，目的就是爲了不讓妻女與家人曝光，盡力保護家人！

隨著侯友宜破獲的重案、逮捕的要犯愈來愈多，他的名氣也響徹黑白兩道，擁有了「黑道剋星」的稱呼，但此時在家庭中，侯友宜卻成了「隱形老公」、「隱形爸爸」，侯友宜女兒的聯絡簿上，從來沒有父親侯友宜的簽名，妻子任美鈴也教導叮囑女兒，不要跟別人講自己的爸爸是侯友宜。

侯友宜曾感慨，自己在家庭親子教育上並不及格，不過熟識他的人都知道，侯友宜除了辦案及公家應酬之外，是那種徹底執行「爸爸回家吃晚餐」的家長，但即使回家吃晚餐，侯友宜晚上九點也一定會再返回辦公室，處理重要的公事。

林宗誠犯罪集團殺警奪槍

一九八四年至一九八六年，台灣治安史上陷入最黑暗的時刻，從基隆至台北，共發生三警被殺、一警重傷、四把警槍遭搶的殺警奪槍案，歹徒再持警槍流竄南北洗劫運鈔車。

這個殺警恐怖集團，最後卻因一名茶葉行老闆遭機車搶匪開槍搶錢，受害的老闆氣憤不甘下與搶匪展開追逐，途中撞死一名搶匪，掉落一把警槍，進而讓過去三年未破的殺警案情浮上檯面，同時也讓手段凶殘的林宗誠殺警強盜犯罪集團曝光，成員包括了當時警政署長羅張的隨扈保警溫錦隆，震驚全台。

一九八四年四月，基隆市八堵分駐所的兩名警員廖國棟、薛東成，共騎乘一部警用機車外出巡邏，途中遭一輛轎車高速衝撞後倒車輾壓，歹徒還下車持刀連砍兩警十六刀，造成廖員當場死亡，其所攜帶的佩槍、子彈、對講機等全部被歹徒搶走。

一九八五年同樣在四月，北市警員李俊賢獨自在北市天母海地大使館外的崗亭值班，當時有三名男子開車靠近，一人假借問路，讓李員失去警覺心，另兩人隨後趁其不備朝他開槍，並趁機搶走李員的配槍後開車逃逸，所幸受傷警員在送醫搶救後，挽回一命。

而同年十月，北市土地銀行長安分行運鈔車遭劫，車上的兩百三十四萬元現金全被搶走，協助押車的警員林明侯遭搶匪持警槍打死，他身上的配槍則被搶走。一個月後，北市松北分局（現松山分局前身）警員蕭益勝在轄區執勤時，突然遭到兩名歹徒靠近，持槍射擊他的太陽穴，蕭員倒地後，警槍同樣亦被搶走。

同年十二月，板橋農會運鈔車遭到兩輛轎車夾擊，歹徒下車後，持警槍劫走七十一萬元現金後逃逸。當時警方專案人員研判，這幾起殺警奪槍、再持警槍搶運鈔車的案子，可以確定是同一個殺警奪槍強盜集團所爲。

因此，警方開始徹查過去兩年全台的運鈔車搶案，赫然發現高雄三信運鈔車搶案，歹徒竟是以控制交通號誌的手法，將綠燈轉變成紅燈，迫使運鈔車停下，同夥再持槍搶走車上的兩百一十五萬元，警方驚覺，這種手法只有受過交通專業訓練的警察才會，這個發現讓警方專案人員非常憂慮，可能有警職人員涉案，沒想到後來懷疑成眞。

台北市警局曾藉由「一清專案」掃蕩黑幫堂口時，想要查出這個殺警奪槍的恐怖犯罪集團，可惜一無所獲。直到一九八六年五月，中山區一名賴姓茶葉行老闆遭兩名機車歹徒行搶，開槍搶走百萬元，當時賴老闆開著賓士車緊追，過程中衝撞了搶匪機車，將其中一名搶匪林順健撞死，一把警槍也因而掉落，事後警方查知，該槍卽爲被殺警員廖國棟的配槍。

而同案另一名搶匪洪敏雄則腿部被撞受傷，轄區中山分局巡邏警員接獲報案趕至現場，剛好看見洪嫌腿已受傷，仍抱著一個手提袋，一拐一拐地要逃離現場，當時警員欲送他到醫院治療，但遭洪嫌拒絕，此舉引起了警員懷疑。

警員打開洪嫌的手提包看到裡面裝有大筆千元鈔後，警員堅持將洪送醫。後賴老闆也當場指控，洪嫌就是搶劫百萬現金的現行犯，賴老闆這一「撞」舉，終於揭開了林宗誠殺警奪槍犯罪集團的重大惡行。

警方追查受傷搶匪洪敏雄後，抽絲剝繭查出集團成員除了林宗誠、林本健、林順健及廖世倫，還有一名不知姓名的警察，這讓警方相當震驚。當辦案人員逮捕因搶劫身亡的搶匪林順健胞兄林本健到案後，終於找到了答案，原來是當時警政署長羅張的隨扈保警溫錦隆涉案，提供警槍給高中同學林宗誠犯案。

北市刑大除暴組侯友宜及中山分局等專案人員，連續借提該強盜集團核心成員林本健後也查出，保警溫錦隆在土地銀行長安分行殺警劫鈔案，不僅提供警槍給首腦林宗誠，還參與了土地銀行長安分行殺警奪槍劫鈔案，更在案發現場，親睹同僚林明侯遭開槍射殺身亡，溫錦隆的冷血無情，也讓辦案人員痛心疾首。

台北地檢署隨後便對涉及殺警奪槍及劫鈔案的保警溫錦隆發出通緝令，刑事警察局「八號分機」通令全國警察單位，嚴密緝捕溫錦隆，同時機場及港口各相關單位，也奉命加強戒備，嚴防溫錦隆偷渡出境。

報告局長，我是溫錦隆要投案！

當時溫錦隆知悉東窗事發後，立刻帶著馮姓女友展開逃亡，警方專案人員要找溫錦隆來問話時，發現他早已失蹤兩天，正當警方動用各種方式及管道追查其下落時，一通電話打進了北市警局長顏世錫的辦公室。

電話那端的男子說：「我是溫錦隆，要找局長說話！」在顏世錫接起電話後，聽到了對方說：「報告局長，我是溫錦隆，我要投案！」說完碰面地點便掛斷了電話。

顏世錫隨即找來北市刑大除暴組長侯友宜，由侯友宜開車載他前往溫錦隆指定的地點，中間溫錦隆還一度變更約定的地點，最終雙方在辛亥隧道附近碰面，溫錦隆一看見顏世錫便說：「局長，對不起！」

顏世錫要侯友宜先將溫錦隆帶回局長室，讓他換了乾淨衣服、吃了一碗麵，才讓侯友宜及除暴組人員將溫錦隆帶回北市刑大偵辦，隨即顏世錫也因任內保警涉案，請辭台北市警局長以示負責。

溫錦隆當時供稱，他知道死路一條，才會帶著女友逃亡，後逃到雙溪山區，獲知檢方對他已下達通緝令，警方也進行大規模搜山，自己深知逃不掉，便在工寮吞下安眠藥自殺。

溫錦隆說，豈知沉睡了兩天竟又醒來，但那時已沒看見女友蹤影，接著他打電話向局長投案。聽完溫錦隆的陳述後，侯友宜率隊到雙溪工寮附近尋找馮女，遺憾的是馮女被發現時已經死亡。

後來侯友宜告知溫錦隆局長顏世錫辭職一事，溫錦隆當場痛哭大喊：「我對不起局長！」隨後溫錦隆供稱，自己與首腦林宗誠是高中同學，久未聯絡，有一天，林宗誠聽其他同學說自己在當警察，突然來訪聊天，還向他借走警槍觀賞。

溫錦隆放聲痛哭地告訴侯友宜，之後，林宗誠竟用他的警槍去犯案，林宗誠拿八十萬元給他吃紅，後以他提供槍枝作爲要脅，自己才被迫走上不歸路。

在侯友宜等警方人員不斷追問下，溫錦隆終於鬆口坦承，是他開槍打死同僚林明侯。而在逃的林宗誠、廖世倫在溫錦隆等嫌犯落網後，便逃亡到泰國藏匿。

不過天網恢恢，最後在台灣刑事局聯手泰國警方將林宗誠等緝捕到案，遣送回台。林宗誠訊後供稱，利用溫錦隆的警槍在兩年內犯下兩百多件刑案，由於時值戒嚴時期，結夥搶劫一律死刑，溫嫌等人於一九八九年三月槍決伏法。

綜觀而言，林宗誠強盜犯罪集團是目前警方破獲的強盜集團中，殺害警察人數最多的不法犯罪集團，擾亂全台治安長達近十年，被台北市警局殲滅後，一九八八年，侯友宜調任有「天下第一分局」之稱的台北市警局中山分局擔任刑事組長。

侯友宜鼓勵「輪椅警探」劉旺德

侯友宜在中山分局刑事組長任內，秉持著一貫的破案效率，接連又偵破了百餘件重案，其中著名的有紫金城理容院五屍槍擊命案、新生北路張民星等三人遭槍擊命案、以及北市霹靂小組警員劉旺德遭槍擊重傷案等，另也處理過鄭南榕自焚案、陳婉眞「霸佔」中山北路中安公園事件、緝捕黑名單人士羅益世等政治敏感案件。

無論是偵辦重大刑案，或是處理政治案件，侯友宜都把長官交付的任務，妥當辦好、使命必達，尤其是處理鄭南榕自焚案件時，面對外界質疑警方不救鄭南榕，侯友宜不但舉證歷歷爲警方辯護，並強調警方並無故意不救自焚中的鄭南榕，爲長官們化危機爲轉機，因此在一九九〇年間，調升擔任台北市刑警大隊副大隊長。

講到侯友宜二進北市刑大任副大隊長時的優異表現，一定得先提到他對警察弟兄的重情重義故事！

一九八九年七月三十一日凌晨，槍擊要犯張重發、許世樂、余裕隆到台北市中山區新生公園，與「阿龍」陳新發犯罪集團代表周冠群、楊一烽等人進行軍火買賣，當時被巡邏的北市霹靂小組劉旺德等四名警員看見，上前要盤查時，卻遭到對方開槍射擊，雙方展開激烈槍戰。

聽見對方「來呀，來捉我呀！」的挑釁時，警員劉旺德立刻追緝在後，但追到濱江街涵洞時，槍擊要犯張重發竟雙手持雙槍站在涵洞上，對著劉警等人開槍掃射，其中一槍擊中了劉旺德的肩頭，子彈當場貫穿了他身體的脊髓神經。

劉旺德發現自己中彈時，立即呼叫同事李鴻明背他到慶生醫院，李警攔了一輛計程車將受傷的劉旺德緊急送抵慶生時，傷者已陷入昏迷，轄區中山分局刑事組長侯友宜先指派兩小隊刑警偵辦已逮獲的周冠群、楊一烽等嫌犯，了解逃跑要犯身分後，即透過北市警局勤務中心通報全國各縣市警方，協緝槍擊要犯張重發、余裕隆等人。

隨後侯友宜趕到慶生醫院探視關心劉旺德的傷勢，知道劉旺德恐有性命危險，馬上懇請院方務必救活劉旺德，北市霹靂小組隊長葉海瑞也帶了二十多名警察同事到醫院，準備隨時輸血給傷者。

這時慶生醫院外的警車警報聲嗡嗡作響。這是侯友宜在一九八八年，從北市刑大檢扒組長外調接任「天下第一分局」刑事組長後，首次碰到的殺警案件。

北市中山區的慶生醫院被台灣江湖界稱作「黑道急救站」，黑道幫派人士只要中槍或受傷，就會指名送到慶生進行急救，因爲慶生醫院隨時可以請來國內專科名醫救治傷者，只不過龐大的醫藥費，並不是所有人都能負擔得起的。

侯友宜也知道慶生醫院的救人行規，但爲了搶救警員劉旺德的性命，侯友宜央求院方派出最好的醫生：「快救我的兄弟！拜託了！」那一夜，台北外科、神經科十多名醫生，都被緊急CALL到慶生醫院急診室，會診聯手搶救劉旺德。

歷經八個多小時搶救，院方最後告訴侯友宜，劉旺德的性命是救回來了，但因傷及脊髓神經，下半身將終身癱瘓，必須坐著輪椅，侯友宜聽到之後，不禁泛淚難過地說：「他才只有二十四歲啊！」隨卽與中隊長葉海瑞守護在尚未從麻醉中甦醒的劉旺德身旁，以防他淸醒後做出傷害自己的舉動。

等到劉旺德慢慢清醒過來，一睜眼就看見侯友宜和葉海瑞站在面前，但隨即發現自己的雙腳已失去知覺，獲悉殘酷的結果後，他一時無法接受痛哭失聲，此時身旁的侯友宜說：「我會陪你一起復健！」

一九九〇年，侯友宜調升北市刑大副大隊長，原屬於北市保安大隊的北市霹靂小組，也因北市警局及北市刑大組織改編，以北市特勤中隊之名併入北市刑大，擔任北市刑大打擊罪犯、衝鋒陷陣的第一線任務。而侯友宜回到北市刑大任副大隊長的第一天，就到特勤中隊探視劉旺德，並關心他的生活起居，他不斷地鼓勵和打氣，要劉旺德勇敢走下去。而劉旺德當時也深受鼓舞，積極地進行復健，對自己期許著：「我要再站起來！」這起案子過後，劉旺德被破格擢升巡佐，在警界也獲得了「輪椅警探」的封號。

不過，就在劉旺德努力復健時，他原已論及婚嫁的女友卻突然提出分手，遭受打擊的劉旺德為此意志消沉、萎靡不振，對於復健漸失信心，侯友宜看在眼裡也覺得感傷，他只能對猶如手足的弟兄說：「放了別人、才能放了自己！」

一九九三年，侯友宜被外調刑事警察局偵二隊長，那時他還不忘請託綽號「鐵雄」的同事繼續照顧劉旺德。

陰霾過去總會見到陽光！二〇〇二年，劉旺德認識了美麗大方的妻子，婚後透過人工試管受孕，隔年妻子便順利產下了一對龍鳳胎，當時已是刑事警察局長的侯友宜，特地偕同夫人一起前往參加滿月酒，在現場侯友宜與任美鈴兩人各抱一娃，神情相當喜悅，也給予劉旺德夫婦衷心的祝福！

二〇二三年，劉旺德的兒子考上警專，立志要和爸爸一樣當警察，女兒則就讀台北的大學，侯友宜獲知劉旺德家庭幸福美滿，有子繼承警察志業，更是滿心歡喜，對於這個曾與自己一同打仗的老戰友，沒被人生的挫折擊倒，仍繼續為國內治安貢獻心力，也擁有了幸福美滿的家庭，侯友宜說自己與有榮焉，直呼：「我兄弟旺德，好樣的！」

掃蕩匪寇、安定民心

當年侯友宜被調回北市刑大擔任副大隊長，在最初的時期，算是一個沒有聲音的人，直到當年十二月底，台灣發生了一起轟動社會的名人綁架案，就是新光集團少東吳東亮被綁票勒贖一億元的事件。

當時的北市警察局長廖兆祥在案發後，立刻要侯友宜帶專案人員進入新光吳家，協助吳東亮的家人與綁匪進行周旋，後在一星期內，不僅肉票吳東亮平安釋放，一億元贖款幾乎追回，還逮捕了綁匪胡關寶等嫌犯到案，更進而擴大偵破懸延長達八年之久的華銀襄理劫鈔命案、新竹雙警命案、屏東派出所失槍案、桃園加油站持槍搶劫案等「四大懸案」。

侯友宜因屢次破獲重大刑案，在一九九一年間獲得已故副總統謝東閔先生的賞識，主動贈與侯友宜親筆題字的「蕩寇安民」匾額。

在侯友宜擔任北市刑大大隊長後，來人一走進他的辦公室，就會看見謝故副總統所寫的「蕩寇安民」墨寶，而侯友宜只要坐在座位上，一抬頭也會看到掛在牆上的那四個字，所以「掃蕩匪寇、安定民心」，成為了侯友宜對警察工作的自我期許和最大心願。

一九九二年，涉及十多起槍擊命案、綁架勒贖案，號稱台灣治安史上最凶殘的「頭號惡龍」陳新發，在全國警方追緝一年多，先槍殺北市刑大偵六隊刑警胡榮裕、後槍殺「獵龍專案」核心成員北市刑大偵五隊刑警李富星後，最終還是逃不過侯友宜等警方的追緝，被包圍在北市吳興街公寓內，在一場激烈的警匪槍戰中，引起瓦斯大爆炸，陳新發慘死在火場變成一具焦屍。

就在侯友宜忙著替部屬李富星處理身後事，和繼續追捕陳新發餘孽的一個月後，令侯友宜夫婦內心永遠無法平復的意外發生了，侯友宜的年幼獨子，在參加幼稚園戶外教學活動時，竟遭火焚喪命，也就是當年震驚社會的健康幼稚園火燒車事件。

侯友宜獨子命喪火燒車意外

一九九二年五月十五日，台北市健康幼稚園正要前往新竹縣六福村進行校外教學，不幸途中發生火燒車意外。園方一輛載運著五十四名學童、教師、及家長的遊覽車，在行經平鎮市中興路時，駕駛座位下方突然起火燃燒，由於火勢猛烈，逃生門被封死，造成二十三人死亡、九人輕重傷的慘劇，當時健康幼稚園老師林靖娟在車內捨命搶救孩子們，而她犧牲時緊緊抱在懷裡的小男孩，就是侯友宜的獨子侯乃維。

當時原本已逃離遊覽車的林靖娟老師，爲了搶救還在車中的小朋友們，奮不顧身衝入車裡，在她陸續救出六名學童後，發現仍有小朋友受困，再一次奮勇上車搶救，最後不幸罹難。林靖娟老師捨命救童的大愛，感動了台灣全社會，目前台北市立美術館旁的「花博公園美術園區」內，就有紀念林靖娟老師的雕像，而她也是首位進入忠烈祠的平民典範。

據了解，健康幼稚園原訂是在五月八日辦校外教學活動，但因遊覽車公司車輛不夠，園方便將校外教學延後一周，即五月十五日舉行，孰料當日下雨，雨勢頗大，有家長建議園方取消或順延行程，不過園方並未採納，加上未事先勘查路線，模擬途中發生意外事故時的因應之策，在園方連續錯誤措施下，不幸發生了台灣教育史上幼兒喪命人數最多的慘案！

侯友宜永遠記得，當天幼子要去校外教學時，自己剛好休假，所以起了個大早，幫兒子穿好衣服後，父子倆還說了話，才讓兒子搭乘幼稚園娃娃車，到幼稚園去參加戶外教學活動，但怎麼也沒想到，那一個早晨的短暫親子互動，竟成了人生中最痛的一場永別。

當健康幼稚園火燒車訊息傳回台北時，因爲第一時間消息紛亂，園方也未主動通知參加戶外活動孩童的家長，當時幼稚園內亦有許多警官的兒女，參加了這次的戶外教學活動，剛開始只知道遊覽車上有幼童喪生火場，尙不確定罹難名單，每位參與活動的學生家長們，包括那些警爸警媽也都焦急地趕赴幼稚園進行了解，在確認侯友宜獨子名列罹難學童名單上時，都難過得說不出話。

任美鈴在獲知幼子命喪火燒車意外後，更是悲慟地哭暈在幼稚園，而面對著痛失愛子，連鐵漢侯友宜也不禁潸然落淚，不過，爲了照顧悲痛欲絕、以淚洗面的妻子，侯友宜只得先忍住內心的傷痛，每天開導撫慰，並與其他罹難幼童的家長們，一同著手處理後續治喪事宜。

在這場意外發生後，侯友宜夫婦與二十多名罹難幼童的家屬，共同聘請了律師謝政達，以業務過失致死罪、公共危險罪、遺棄致死罪等，向健康幼稚園負責人吳文道、園長楊聰慧夫婦、總務主任趙國芳、及遊覽車公司負責人連麗芸、司機楊清友等人提出告訴。

值得一提的是，在健康幼稚園火燒車意外事件中，受害人委任的律師謝政達，就是勞工前立委、花蓮縣前縣長謝深山的兒子。這一場長達十二年的訴訟，侯友宜除了親自找尋愛子死亡的相關線索，也與謝政達律師一起研究如何破解肇事者們的狡辯與謊言。

當時謝政達律師費盡心力地為罹難小朋友們找尋死因與眞相，要還給這些無辜幼童和家長們一個司法公道，因此深受侯友宜信任，兩人也從此結緣，日後侯友宜在二〇一八年參選新北市長時，便邀請謝政達共事，謝政達當時辭去了新北市政府勞工局長一職，跟隨著侯友宜打市長選戰，至今都是侯友宜的重要幕僚長。

而健康幼稚園火燒車事件發生後，檢警調查起火原因，發現是因業者非法改裝車輛，加上多項逃生設備年久失修，電線走火引燃火勢後，滅火器過期無法使用、安全門也無法開啟，最終釀成了二十三死的慘劇，在社會輿論下，要求檢討遊覽車及幼稚園交通車安全的聲音四起。

由於健康幼稚園在此次意外事件上，有明顯疏失，一九九二年八月被台北市政府教育局撤銷立案，並勒令歇業、停止招生。

爾後教育部也下令，所有幼稚園戶外教學活動，範圍不得超過所屬縣市，其租用車輛的車齡亦不得超過三年。交通部也從《道路交通安全規則》修法，規定將安全門、滅火器、車用電器設備（含電視機及冰箱），以及車內是否有易燃物等，深度納入遊覽車定期檢驗項目，並在一九九二年十一月十五日修正發布。

黑道沒英雄，林靖娟老師才是英雄！

縱然彼此素不相識，一九九三年三月，竹聯幫「冷面殺手」劉煥榮進刑場執行死刑前，向獄方要香菸抽時，曾向獄方表示：「我不是英雄，黑道沒有英雄，幼稚園火燒車事件中，捨身救小朋友的林靖娟老師才是英雄！」對於林靖娟捨身救童的大愛，連冷酷無情的黑道殺手都爲之動容。

一九九五年五月，台北市政府將每年五月十五日定爲「台北市兒童安全日」，內政部則在二〇〇七年五月，也宣布將這一天定爲「全國安全日」。

隨著時間一天天過去，對於罹難幼童的家長們而言，健康幼稚園火燒車事件的刑事訴訟，無疑是一場漫長的戰役，直到二〇〇四年底才眞正結束，台灣最高法院維持原判，將健康幼稚園負責人吳文道等人依過失致死罪嫌，分別判處一年兩個月至六個月徒刑定讞。

這場火燒車意外，奪走了侯友宜唯一的兒子，讓「人生勝利組」的侯友宜，變得非常消極，常常一個人坐在辦公室，凝望著關公雕像，久久不發一語。時常獨自到善導寺，探視「住」在那裡的愛子，和兒子說說話、聊聊天，再回辦公室。不讓外人看見他內心的悲傷。

就在喪子半年後，侯友宜即因連續偵破重大刑案，獲得拔擢調升擔任刑事警察局偵二隊長，躋身高階警官之列，也暫時離開了台北市刑警大隊這塊傷心地。

由於刑事警察局掌管全國刑事案件，侯友宜藉由南北奔波忙碌辦案，將對愛子的思念，埋藏在內心深處！因對黑道幫派犯罪相當了解，把全國各地不少角頭、狠角色掃進牢籠，頓時威名震懾台灣黑白兩道，也成了警界高知名度的明星級高階警官。

發生健康幼稚園火燒車的次年，任美鈴爲侯友宜生下了兩人的第二個女兒，也是家中的老三，只是造化弄人，當時次女預產期竟與兒子的忌日是同一天，爲避免日後造成影響，任美鈴選擇提前一天剖腹，迎接這個小生命的來臨，這也是她生下長女、獨子後的第三次剖腹生產。

隨著二女兒的出生，侯友宜夫婦也逐漸從悲傷中走出，滿月時侯友宜還以小卡片，寫下喜獲愛女的心情：「么兒驟然離去、小女期盼而來，人生無常、誰能掌握，得之是福、失復本然。」來感謝所有關心他們夫婦的親朋好友。

侯友宜兩度險失去愛妻，才知什麼叫做「怕」！

無論是除暴安良的刑警，或後來轉換跑道從政，侯友宜對於妻女家人一向很保護，也鮮少與人談及家裡事，但熟識侯友宜的朋友，都曉得侯妻任美鈴向來是最強的侯粉，更是家中重要的樑柱。外界僅知侯友宜多年前失去了唯一的愛子，卻不知道，侯友宜曾兩度險些失去心愛的妻子。

有一年農曆春節前，侯友宜開車載任美鈴去買辦年貨，妻子當時下車獨自去採購，侯友宜則在路邊停車等候，原本已回到車上的妻子，發現忘了幫女兒買奶嘴，因此又折返去購買，不料，途中竟遭一部轎車衝撞，親眼目睹妻子被撞倒地昏迷，侯友宜的人生中第一次感到驚恐懼怕。

當時侯友宜立刻衝上前，呼喚著妻子的名字，但任美鈴毫無反應，路人見狀也趕緊幫忙叫救護車，把任美鈴送往醫院急救，焦急萬分的侯友宜一直守候在手術室外，隨著時間一分一秒過去，手術室外的紅燈始終亮著，堪稱是侯友宜生命裡最長的一夜。

任美鈴送出手術室後，仍然處於昏迷狀態，侯友宜只能不斷地向上天祈禱，盼求妻子要撐過去，在住院多天後，任美鈴才甦醒過來，但這一場車禍，由於傷到了她的脊髓，任美鈴在醫院住了很久。

侯友宜在警界經歷過三十多場警匪槍戰，被他緝捕過的知名槍擊要犯陳進興、胡關寶、張錫銘、陳新發等人，都曾拿槍瞄準他的頭部，但他從未怕過，不過，面對愛妻突然發生嚴重車禍意外，危在旦夕，侯友宜很怕愛妻會這樣丟下他和女兒離去。

事發後，他接到了來自親友、同學等各界的關心電話，因不想驚動外界，侯友宜只能故作平靜一律回答沒事，事實上，日夜守候在任美鈴病床邊的他，心中害怕極了，因爲他不知道，萬一妻子眞的不幸離他而去，未來的日子將要如何過下去。

所幸天公疼好人，任美鈴清醒後身體逐漸康復，漸入佳境，侯友宜這才放下心來，一九九四年五月，以顧問的身分，跟隨海基會前往大陸浙江省杭州「辦案」，調查台灣遊客到浙江杭州淳安縣乘船遊千島湖時發生的火燒船三十二死慘案，這起嚴重的事故，除了造成二十四名台灣遊客慘死，還包括了六名船員及兩名導遊，總共多達三十二人罹難，千島湖事件當時也震驚了全世界。

後來在一九九六年底，任美鈴發現自己第四度懷孕，內心相當高興，不過，與大多數警眷一樣，因爲警察老公的工作繁忙，產檢的事都得靠自己打理，第四次要當媽媽的任美鈴，欣喜程度一如從前，唯獨醫師告誡她，因曾遭遇嚴重車禍傷及脊髓，恐導致孕期的危險，一定要格外當心，最好以臥床方式安胎，待胎兒狀態穩定後方能下床。

侯友宜獲知後憂喜參半，因爲當時任美鈴年紀超過四十歲，已是高齡產婦，且身體不是最佳狀況，加上上一次妻子車禍重傷命危的陰影，侯友宜不想愛妻又得冒著生命危險，不過，任美鈴堅持無論如何都一定要生下這個寶寶，於是小心翼翼地臥床安胎了半年。

據親近侯家的友人說，任美鈴原本計畫想要自然產，但由於前三次都是剖腹，在醫師建議下，爲了安全起見，最後還是選擇剖腹，一九九七年，任美鈴生下了小女兒侯又嘉，過程順利、母女均安，侯友宜抱著健康可愛的新生么女，望見妻子幸福滿足的神情，他總算鬆了一口氣，也正式成爲了家有三千金的父親。

二〇一八年，侯友宜競選新北市長時，二女兒侯乃嘉因爲挺婚姻平權和東奧正名，被媒體曝光了照片，連帶小女兒侯又嘉照片也一同曝光了，侯家的兩個千金都明眸皓齒、氣質出衆，當時立卽吸引了衆多關注，網路上也掀起一片熱烈討論，侯友宜甚至被網友稱作「國民岳父」。

侯友宜的勇氣與溫暖

勇敢無懼

侯友宜當警察三十多年，多次面對槍擊要犯拿槍要「轟」他的頭，從來沒有懼怕、退卻，用性命在除暴安良，保護人民。失去愛子時，是心痛無畏懼，化悲憤為力量再出發，但面對兩度險些失去愛妻，鐵漢是真的會害怕，也會落淚！

2-2 台灣首位變態殺人淫魔張正義

一九八七年至一九八八年，在大台北地區，先後發生了六名年輕紅衣短裙辣妹慘遭殺害性侵的命案，凶嫌均爲同一人，時任台北市警察局中山分局刑事組長的侯友宜，那時僅靠著一張紙條，就逮捕到這名台灣首位變態殺人淫魔——「台北之狼」張正義，成功阻止他殺害第七名女子。張正義的可怕，在於他除了劫財劫色，還會殺人滅口，犯案時，他將六名被害女子活活勒死，接著再性侵棄屍，直到被槍決時，張正義都毫無悔意，人神共憤！

當年二十四歲的張正義，平時沒有正當工作，卻假冒計程車司機，開著變造的計程車穿梭在大台北地區，專門找尋穿著紅衣短裙的辣妹，誘騙她們坐上計程車，因爲張正義的樣貌忠厚老實，加上他鎖定酒醉、意識不清的女性，因此如果被他挑選到，通常都會順利得手，而被害女子搭車報上地址後，以爲自己會平安到家，殊不知自己已乘著「死亡計程車」，駛向生命的終點。

這些帶有醉意的被害女子，遇上了辣手摧花的變態殺人淫魔張正義，幾乎很難不遭到毒手。作案時，張正義會先用預藏的尼龍繩將被害人勒斃，接著再性侵屍體、搜刮死者身上財物，最後再伺機把屍體隨意丟棄在鬧區路上。退休刑警指出，張正義在性侵死者時，還會啃噬她們的胸部，導致死者被發現時，前胸傷痕累累，就像是被眞正的惡狼攻擊過，手法殘忍變態到令人髮指！

由於被害的紅衣短裙辣妹，都是在搭乘計程車回家後人間蒸發，從此音訊全無，等到再出現時，已是一具冰冷的半裸身軀，衣衫不整慘遭辱屍，雙眼圓睜死不瞑目，就這樣橫陳在街頭，而在死者無法闔上的雙眼中，彷彿也能感受到她死前最後一刻的驚恐無助，被害人家屬在認屍後，都悲憤交加地哭喊：「禽獸不如！還我女兒的命來！」聞者無不鼻酸！這也是台灣治安史上的第一起連續殺人性侵案。

當時的侯友宜在警界，向來以掃蕩黑幫著稱，一九八八年，他調任台北市警局中山分局刑事組長，由於轄區內的特種行業林立，爲了快速掌控當地治安與色情行業，以及隱身在色情業背後的黑道勢力，侯友宜上任後卽刻成立了「正風小隊」，專責管理和取締色情場所，並將轄內上百家酒店、舞廳、KTV等八大特種行業，重新造冊列管，同時也加強掃蕩色情業，攻防並重，讓業者們感覺壓力極大。

九〇年代，那是一個台灣錢淹腳目的時代，台北市中山區的酒店、舞廳、KTV等八大場所，一家接一家開著，不管是街上的合法白店，或隱身大廈內的地下黑店，只要一入夜，都是杯觥交錯、越夜越美麗，更不時可在林森北路的條通巷內，看見濃妝豔抹、穿著性感短裙、全身香氣透人的妙齡女子，腳踩高跟鞋喀喀喀地穿梭在各個酒店、舞廳內外。

那時滿街的計程車也川流不息，生意興隆，成爲當地女子夜歸的交通工具，怎麼會知道裡面卻暗藏著危機，一名變態殺人淫魔就坐在計程車的駕駛座上，滿腦淫念地虎視眈眈，尋找等待著他要下手的獵物上車……

金華街妙齡女子遭勒斃性侵棄屍馬路

一九八八年十二月十三日凌晨兩點多，台北市警局勤務中心接獲民衆報案，台北市大安區金華街上躺著一具半裸女屍，轄區大安分局接獲勤務中心警員通知後，立刻趕到現場查看，鑑識人員發現這名女死者的上衣被撕破、下半身赤裸，下體還留有不明的白色黏液，初步研判是男性精液。此外，半裸女屍的雙手和雙腳都有被綑綁痕跡，從外表來看是遭人殺害後再性侵，大安分局警方當時立刻報請台北地檢署相驗。

由於天色已漸漸亮起，一旁的金華女中（今金華國中）很快就會有學生到校上課，大安分局警方人員於是迅速拉起封鎖線，並用白布遮蓋死者，等待著天亮後，檢察官率法醫前來調查。一具衣不蔽體的半裸女屍，就這樣遭凶嫌明目張膽地棄屍在市區街頭，消息一傳出後，便引發了社會高度關注。

順帶一提，警方當年處理戶外的屍體，都是使用白布遮蓋，有時檢警在路上驗屍，不可避免地就會引起交通阻塞，或讓家屬覺得警方不尊重死者，氣憤抗議，如今隨著科技進步，台北市警局二〇一三年七月起，已改用自創的「黑色帷幕」遮蔽屍體。這個貌似長方形四角帳棚的設備，能將發生交通事故或跳樓死亡在戶外的屍體，妥善完整地罩在裡面，除了能讓死者擁有最後的尊嚴，也不會造成檢警相驗時民眾好奇爭相圍觀。

此外，當年只要有屍體，葬儀社人員便會搶用白布蓋著，以此表示這個往生者是他們的「生意」，在那個年代，葬儀社為了增加公司「業績」，有時會與警方分局合作，業者在深夜騎著機車穿梭巡視台北市各處，其中又以中山、大安、松山、信義等地區爲主，只要認眞一點，幾乎天天都有生意可做。

其實，在葬儀社搶死人屍體年代，不僅檢警直接在馬路上驗屍的場面，時常可以見到，最離譜的是，葬儀社人員爲搶作死人生意，不管警方或家屬在面前，竟然發生當街互打的事情，爲此葬儀社公司才會私下達成共識，那就是「誰先蓋屍體白布，生意就由誰做」。

拉回到大安區金華街半裸女屍案件上，檢警人員在路上相驗女屍時，雖然有爲女屍蓋上白布，也拉起封鎖線，還有警員進行交管管制；但是，有多名不知情的女學生，先看大批警員圍繞校門口附近，走近一看見是女子屍體，紛紛嚇到花容失色，不過也有大膽好奇的女學生，不時從樓上教室往下看驗屍，彼此交頭接耳地議論著。

警方發現，被害女子的身上找不到任何證件，也沒有現金等財物，屍體旁滿地散落著口紅、眉筆等化妝品，還有一只斷成兩截的玉鐲；見到這樣的狀況，警方一時也無法查出死者身分，只能很無奈地先將其歸類到「無名屍」，提供這名被害女子的特徵、衣物等訊息給媒體，希望透過新聞報導，讓看過或認識死者的民眾與家屬前來指認。

中山區女子遭殺害性侵棄屍路邊

而這起大安區金華街半裸女屍命案的前一個月，即同年十一月十五日清晨，無獨有偶，也有一名女子慘遭殺害後性侵，再被棄屍在台北市中山區德惠街上，案發後是由轄區中山分局偵辦。警方當時從被害女子的穿著打扮、豔麗妝容、及身上的酒味，還有屍體餘溫尚存的狀況來研判，死者應該是在附近上班的八大行業女子。

警方在追查條通巷內酒店、酒家、舞廳、酒吧後發現，中山區德惠街女裸屍案的被害人，死前是搭乘計程車離開店內的，不過，店內人員並不清楚被害女子外出的原因，只看見當時是她一個人攬了一輛計程車坐車離去，孰料隔天就沒來上班了，店內大班打電話找不著人。

轄區刑警調查後有人初步研判，那名遭棄屍在德惠街上的被害女子，當時可能是去赴熟識男客的約會，然後雙方因故起了爭執，於是遭對方殺害、性侵、劫財並棄屍。

但也有刑警不認同，指出遭熟識男客或男友殺害後棄屍的推論不太合理，因爲如果凶手是熟人，應該要將被害女子帶去山上、或是偏僻的地方丟棄或埋掉，而不是大剌剌地隨意扔在馬路上，深怕大家不知道人是誰殺的。

侯友宜研判：凶嫌是計程車司機

彼時的中山分局刑事組長侯友宜則表示，根據被害人離開時的交通工具，及身體擦挫傷勢、下體疑似遺留精液等來看，他研判被害人生前曾遭到殺害、性侵、劫財，最後棄屍，侯友宜分析稱，「殺人的凶嫌應該是計程車司機。」

侯友宜再依據現場狀況分析推測，被害人應是在狹窄的空間內遭到勒斃，也就是車內遇害。因此，侯友宜隨後成立了「緝狼專案」追捕凶嫌，規定每天下午四點在分局內開專案會議。

而法醫驗屍後驚愕發現，被害人的頸部，有一條勒痕，是被害人致死的主因，而讓人不忍的是，胸部前的齒痕、吸吮等處處傷痕，是遭到人為啃噬，屍體也受到最嚴重的侵犯，凶手真的是一個變態殺人淫魔。

其實，侯友宜會在德惠街的被害女子被發現時，就做出大膽研判，凶嫌是計程車司機，這並不是侯友宜會通靈，而是他勘查現場及死者身上傷痕後，推測被害人的陳屍地點並非第一現場，另根據被害人在狹窄的空間內被勒斃，推論出女子是在計程車內遇害的。

彼時中山分局還在摸索德惠街女屍命案案情時，十八天後的十二月二日，又有一名死亡女子被發現，遭勒斃性侵後棄屍在北市中山區民生東路上，因該名女死者，與德惠街女屍的裝扮相同，也是上身穿紅衣、下著短裙，加上同樣也是搭計程車後失蹤，被人發現時已是冰冷屍體。

刑警指出，恐怖的是，被害人均遭歹徒勒斃，雖然其他部位也有擦挫傷，但這些地方都不會取人性命，最重要的致命傷，就是死者頸部的勒痕，辦案人員此時驚覺事態嚴重，推測兩案的被害女子，不排除是遭同一名摧花狂魔所殺害性侵。

因此當後來的大安區金華街半裸女屍命案發生後，被害人與德惠街、民生東路上的死者一樣，都是身穿紅衣短裙、致命傷爲頸上的勒痕，加上三名被害女子的棄屍地點，相距不到五公里，且均是在搭計乘車後失蹤，綜觀以上因素，侯友宜更加判定，凶嫌是採無差別殺人，也排除是男客犯案。

侯友宜除了積極帶員追捕這名變態殺人淫魔，由於中山分局的轄區特性，酒店、舞廳、酒家、KTV等林立多達數百家，來來往往的男女從業人員就高達數萬人，經過勘查現場後，侯友宜同時也思考著，要如何防範下一個女子遇害。

侯友宜推幫婦女代叫計程車服務

侯友宜當時就建議分局長王郡，在轄區內，試辦警察幫夜歸女子代叫計程車的警民服務，再派員到轄內各酒店、舞廳等八大場所，即起宣導「要找運將、先找警察」，除了要代叫計程車的員工將車號記下，也要請叫車的小姐到家後報個平安。

侯友宜這麼做的目的，就是想藉此提醒那些可能心懷不軌的計程車司機們，不要隨便亂來，同時也把警察代叫車的模式，擴大到酒店、舞廳等業者，要他們幫小姐代叫車。而前述警察幫夜歸女子代叫計程車的警民服務，至今仍持續在做。

除此之外，台北市警局也找來分局內武術高強的女警，一起開課免費教授女子防身術，讓婦女朋友們藉由學到的防身術自保，也保護身邊年幼子女的安全。同時，也向女性民眾推廣發送防狼噴霧、警哨等自我防衛的工具。

令人印象深刻的是，當年中山分局的保護婦幼安全宣導影片，嬌小的女警，飛踢由高大男警飾演的大野狼，藉此呼籲女性民眾到警局學「武功」，中間穿插「你敢來、我就踢」等趣味對話，結果還眞的女子防身術秒殺，班班客滿。

中山分局因爲還未逮到變態殺人淫魔，所以，只好先教授女性民眾，先做好保護自己的方法。同時，也請女性民眾只要察覺不對勁，第一時間就通知警方，切勿獨自行動犯險。

中山分局大力宣導婦女自保方法，卻也意外引來很多酒醉女子的騷擾報案電話，要一些帥氣警員到家裡陪聊天，搞到派出所巡邏警員不堪其擾大喊：「麥閣來亂啦！」竟成爲另類被害人。

台北市當時在短短一個月內，就接連發生了三起女子遭殺害後性侵劫財棄屍的命案，這也讓大台北地區陷入嚴重的恐慌中、女性民眾人人自危。

侯友宜看著三件案子的卷宗，推敲被害人生前遭遇的慘狀，他發現死者不是被搶兩百元、就是被搶走一千元現金和金飾，因此，他認爲凶嫌的犯案動機應該不單單是劫財，但讓侯友宜與辦案人員不解的是，既然已經劫財和劫色，爲什麼還要殘忍殺害當事人，做出天理難容的極惡行徑。

警方經比對三名被害女子後，發現最巧合的，就是生前她們都穿著紅色上衣、短裙，均爲身材高䠷、頗具姿色的辣妹，所以大膽研判，殺人凶手可能對紅色衣服具有特別厭惡的情緒，故不排除凶嫌可能曾經遭受過情傷，或被欺侮霸凌過，所以行徑才會異於常人，有別於一般性侵後殺害，而是在殺害女子後，再進行性侵屍體，最後將死者棄屍於街頭，完全是一種變態的行爲。

因爲凶嫌犯案頻率密集，被害女子遇害時間間距，一次比一次短，台北市警局爲此承受了重大壓力。當時有人叫這名凶嫌是「計乘車之狼」，也有用「台北之狼」來稱呼，更有媒體將這名摧花惡魔，直接稱爲「變態殺人淫魔」，令婦女們都嚇得不敢搭乘計程車，原本滿街跑的計程車，生意受到波及，一落千丈。

侯友宜鎖定了計程車司機犯案，面對中山區內的特種行業興盛，店外常是一輛輛排班計程車，他指示刑事組及派出所人員，以專案方式，幾乎天天臨檢轄內上百家酒店、舞廳等八大場所，同時也要求業者向自家店內的小姐宣導自我保護的觀念，提醒她們只要發覺不對勁，一定要立刻向警方反應。

監視器不普遍、警方土法煉鋼追「魔」

由於當年監視器並不普遍，中山分局辦案的刑警們只能土法煉鋼，靠「腿功」穿梭在酒店、舞廳及排班計程車隊之間打探消息，不料，訪查計程車司機的舉動，竟引發了計程車司機的抱怨。

運將表示，警方不應該懷疑他們這些「好司機」，警方只好一再地說明，希望他們可以諒解警方破案壓力，還有就是要車隊協助找出破壞計程車名譽的老鼠屎，讓司機們理解，只要沒捉到凶手，壓力就不會消除，而他們也無法恢復清白。

另因爲轄區內連續發生性侵殺人棄屍命案，中山分局警方每天下午四點，都會由刑事組長侯友宜召開專案會議，每名刑警都要將自己當天調查情況進行報告，在會中針對內容和其他同事討論及做出研判，並擬定偵辦方向，參加緝狼的專案人員幾乎都壓力破表。所幸老天有眼，終於有一天線索進來了，全案也露出破案曙光。

當天是中山分局刑事組副組長葉海瑞，接到了一名黃姓酒店負責人的來電，對方表示，他店裡有一位小姐已經失蹤三天，他一直打電話但始終找不到人，連家人也無法聯絡到當事人，黃老闆說，他今天看見報紙上所寫被殺死小姐的名字，及刊登出來的照片，「好像就是我店裡失蹤的那個小姐。」

葉海瑞聽完，立刻前往黃老闆的店裡詢問詳細情況，同時拿出第三位遇害女子的照片給他看。黃老闆一看見照片，非常驚愕地說：「沒錯！就是我店內的小姐，她已經失蹤了三天。」

黃老闆還告訴葉海瑞，因爲店裡的小姐都是深夜下班，爲了安全起見，只要男友或老公來接下班，或是沒跟客人外出，小姐下班後自己要搭計程車的，他都會幫忙記下計程車車牌號碼，等到隔天看見小姐來上班，才會將手抄的車號丟棄。

葉海瑞聽完精神爲之一振，立刻問黃老闆：「那你抄的車號還在嗎？」黃老闆則回答，前一天剛丟掉，葉海瑞一聽又緊張追問：「那，垃圾桶還在嗎？」黃老闆想了一下，指出垃圾就放在店後，垃圾車應該還未將垃圾載走，葉海瑞隨即要對方帶他去找那張紙條，兩人在一大堆的垃圾袋中拚命翻找，就是希望能找到那一張記有車號的紙條。

寫有「0760820」的紙條，是破案通關密碼？

當時在一個個垃圾袋中，葉海瑞與黃老闆鉅細靡遺地不停翻找，足足找了一個多小時，最後黃老闆才尋獲那張已被自己揉掉的紙條，雖然皺皺的，所幸上面抄寫的車號「0760820」依然清晰可辨，葉海瑞非常高興立刻返回分局，將這個重要線索向組長侯友宜報告。

侯友宜要葉海瑞先調查一下車號「0760820」計程車的現況，而當天因爲有了這個計程車車號，專案會議上，刑警們明顯都輕鬆了許多。連分局長王郡來開專案會，臉上也滿是笑容。

但經辦案人員循線追查後發現，「0760820」的計程車車牌已經被張姓車主報案失竊，張姓車主向警方表示，他因最近身體不適，把計程車停在永和住處附近，幾個月都沒有去開，前幾天去查看時，發現車牌已經遭竊，於是就跟轄區警方報案。

知悉該號車牌遭竊後，組長侯友宜立即透過勤務中心，下通報給派出所人員，要他們針對車號「０７６０８２０」的計程車進行追查，一旦發現務必要人車查扣，還叮囑各警員在執行人車查扣時，須注意自身安全。

警方專案人員也查問張姓車主的家中情況，張姓車主指出，他有個二十四歲的兒子張正義，目前失業中，有時會開他的計程車，外出攬客賺錢，平時喜歡流連舞廳，最常去的就是北平東路上的維納斯舞廳，「可是，兒子最近都沒有回家，也不知道跑到哪裡去了，這個兒子真的讓我很頭痛！」

侯友宜獲知張父說法後，立刻派刑警拿著張正義的照片，給一名曾受害的女子查證，女子一看就驚恐地說：「就是他！沒錯！他是大壞蛋！」原來這個女子也曾遭到張正義以相同手法性侵，並將她丟棄在馬路上，只是這名女子很幸運沒被勒斃，被丟包棄屍後，她慢慢從昏迷中甦醒過來，在路人協助下報案送醫，成爲唯一的倖存者。

「殺人淫魔」張正義落網

侯友宜一確定張正義就是連續殺人性侵案的凶嫌後，便派刑警前往北平東路上的維納斯舞廳外埋伏，並交代只要張正義現身，就要立即逮捕。不久中山分局中一派出所兩警員在長安東路上巡邏時，赫見那輛掛有「０７６０８２０」車牌的計程車，除立即向中山分局勤務中心通報，也不敢打草驚蛇，暗中尾隨在計程車後方，一直跟到維納斯舞廳外。

兩名警員看見計程車司機鬼鬼祟祟，將車子停在排班計程車的隊伍中，好像在等什麼人，見時機恰當，兩警立即出面攔查，張正義看見警察攔查他，面無表情，也沒要逃跑，埋伏的刑警也立刻現身，一同將張正義逮捕。張正義被警方逮捕時，沒有任何反抗的舉動，只是雙眼一直狠狠地盯著警察，警方搜索張正義的身上時，發現他全身上下只剩五十元，正準備要尋找下一個獵物，幸運的是，警方及時將他捕獲，成功阻止了下一名女子遇害的悲劇。

雖然台灣首位變態殺人淫魔落網了，但張正義看起來卻絲毫沒有悔意，講起自己殺人的經過，表情十分冷漠，彷彿置身事外，自己只是個旁觀的路人甲，對於侯友宜問他爲何要劫財，張正義僅簡短回答：「沒工作、沒飯吃。」

張正義是假運將，殺女爲「滅口」

侯友宜繼續追問張正義，劫財劫色之外，爲什麼還要殺害對方，張正義也只是淡淡地說：「殺人是爲了滅口。」講話時絲毫沒有情緒起伏，且說，「萬一她醒過來，換我死了。」描述殺人過程時好像是在處理事情，彷彿事不關己，令人毛骨悚然。

張正義偵訊時也坦承，自己偷了爸爸的計程車車牌，然後再去租一輛轎車、掛上車牌，並加裝車頂燈、里程表等設備，把轎車僞裝成一輛計程車犯案，被逮前他已在物色其他車牌，打算偷來更換，但還是被警方先一步找到他。

張正義說，自己原先的盤算是，即使警方循車號找到爸爸，但爸爸已將車牌報失了，警察應該就不會繼續查，豈料警方一直追查下去！原以爲用這樣的方式，自己就不會被抓，因爲他認爲，縱使警方掌握了作案車輛的車號，也只會查到他爸爸，並不會查到他的身上。

偵訊時張正義告訴警方，他開著這輛僞裝的計程車，都會到北市中山區，招攬明顯有醉意、身穿紅衣短裙辣妹搭車，「因爲她們喝醉了，意識模糊，也比較容易下手。」等到紅衣短裙辣妹坐上車後，「我聞到她們身上的香水味，讓我很興奮。」

接著張正義將被害女子載到人車稀少的路邊，藉口車子爆胎要修理，下車走到後車廂，隨即取出預藏的尼龍繩，再回到車上作案，如果被害女子極力反抗，他就綑綁住對方的雙手及雙腳，再使用尼龍繩將她們先勒斃殺害。

如果過程中，被害女子仍然激烈反抗，張正義就會拿出駕駛座旁的預藏尖刀恐嚇威脅，當對方嚇得花容失色無法反應時，便用尼龍繩狠狠勒斃被害女子，接下來他按照計畫，性侵屍體、搶走現金和金飾，最後再開著計程車，隨意將死者拋屍丟在台北街頭。

除了被發現的三名死者，張正義在警方問訊時，還加碼自爆他的「戰績」，張正義告訴警方人員：「我另外殺了三個女的。」警方人員聽了嗆他：「你殺那麼多人，不怕她們來找你索命！」

張正義表示，一九八七年十一月在永和，當時他開著計程車，載一名女子要返回板橋家，殺害後丟棄在永和巷內，此是他第一次殺人，心中有點害怕，但是很快就忘了。一個月後，在新北市中和再殺害性侵棄屍一名女子，之後「我一點感覺都沒有。」

張正義被甩恨女成「變態殺人淫魔」

警方查訪後也獲知，張正義的爸爸開計程車維生，母親在一家電子公司上班，上有一個哥哥、下有一個妹妹，因爲不愛念書，他國小就輟學了，後來做過捆工、建築工地工人，在張正義十七歲以前，是個沉默寡言的人，就算別人打他，也從來不會還手。

張正義還向警方表示，自己當兵前，曾爲了女友兩度自殺。家人則說，張正義在退伍後，就整個變了一個人，沒有穩定的正職，也很少回家，更不會跟家人說話，家人根本不知道他到底在外頭做什麼，相當頭痛。

最可惡的是，就在張正義落網的前幾天，他看見徵求捆工的廣告，於是前去應徵，當晚留在老闆家中，之後趁老闆夫婦外出，只留下小姑獨自在家，半夜時分，張正義竟然潛入老闆妹妹的房間，先殺害她後再性侵。

待老闆夫妻返家，老闆娘還以爲早睡早起的小姑睡覺了，所以沒去叫她，隔天上午九點多，見小姑一直都沒起床，敲門後進房查看，才發現小姑半裸躺在床上，早已氣絕身亡，而老闆發現妹妹慘死的當下，原本坐在客廳看電視的張正義，立刻趁亂騎機車逃跑了。

被害家屬追打張正義，嗆警「不要保護壞人！」

在凶嫌張正義將案情一一供出後，侯友宜無法忍受，痛斥他泯滅人性！當他落網消息陸續在各媒體曝光後，多達上百名的被害人家屬，群情激憤地聚集在中山分局外，有人拿著石頭，有人手持棍棒、鑰匙圈，守候著準備教訓張正義這個罪大惡極的摧花狂魔，衆人都難掩悲慟、聲嘶力竭地哭喊：「還我妹妹（姊姊、女兒）命來！」

一見到變態凶手張正義被刑警押著走出中山分局時，百名家屬立刻一湧而上，衝向前去爆打張正義，怒吼著要爲遇害的親人報仇，分局刑警設法阻擋，還遭到家屬怒嗆：「不要保護壞人！」雖有刑警向家屬耐心解釋說明警方的立場，孰料憤怒的家屬隨卽失控，激動中不愼打傷刑警的頭，所幸受傷警員被其他同事緊急送往醫院縫了三針，並無大礙。

中山分局偵訊後，將張正義依殺人等罪嫌移送台北地檢署複訊，但對於自己的犯行與罪孽，張正義依舊毫無悔意，由於罪證確鑿，檢察官很快便將他起訴，並向法院求處死刑。隔年，法院判決張正義死刑的宣判文中指出，張正義涉嫌連續殺害六名女子搶劫財物，並且棄屍街頭，惡性重大，因此依連續強盜殺人罪判處死刑，定讞後八天，張正義終於槍決伏法，也算是爲慘死的被害人伸張正義。

這起重大案件後，有關單位針對《道路交通管理處罰條例》積極修法，並對於計程車司機資格審核和計程車檢驗都有嚴格規定，只要曾涉及故意殺人、故意重傷、搶劫、搶奪、強盜、恐嚇取財、擄人勒贖、妨害性自主，且犯下《兒少性交易防制條例》、《毒品危害防制條例》、《組織犯罪條例》等罪，經有罪判刑確定者，或曾依《檢肅流氓條例》管訓確定者，皆不得辦理計程車駕駛人營業登記。

警方也認爲，其實不論是張正義，或其他的模仿犯，在年輕力壯時，不思正途，利用計程車攬客，對被害女子殺害性侵強盜財物，使夜歸女子人人自危，嚴重危害社會治安，且犯後也未見悔意，殺人償命，也是罪有應得。

侯友宜的勇氣與溫暖

勇敢無懼

侯友宜以鍥而不捨的精神，逮到了性侵殺害婦女的變態殺人淫魔張正義，但是侯友宜更關心的是，張正義劫財劫色外，還要害命很無人性，而張正義回答殺人是爲「滅口」，更是泯滅人性！又爲保護婦女免於被害，侯友宜推動警察幫婦女代叫計程車服務，至今持續爲民服務中。

2-3 破而未宣的「四大懸案」

一度消失的兩支警用卡賓槍，將台灣治安史上的「四大懸案」串聯了在一起。一九八三年至一九八五年，台灣發生了華銀襄理林永泉劫鈔命案、屏東楓港派出所失槍案、桃園中油加油站持槍搶案、及新竹雙警命案等四大懸案，因對於國內社會治安造成重大傷害，轟動一時。

這四起懸案的偵辦過程，前後歷時八年，不僅創下國內治安史上，辦案經費、專案會議召開時間等七項新紀錄，全國上下的警察更是絞盡腦汁、千方百計設法破案，連國防部反情報總隊也破天荒加入了偵辦行列，在這段漫長的歷程中，雖然曾經多次出現契機，也數度來到破案邊緣，可是總在一陣驚濤駭浪後，又退回了原本的膠著狀況。

不過法網難逃，一九九〇年十二月二十五日的聖誕節，警方從吳東亮綁架勒贖案主嫌胡關寶位於新店的住處，查獲了四大懸案中新竹雙警命案遭奪走的警用失槍，這使得四大懸案再度出現破案契機。

接著在一九九一年八月二十四日，警方根據胡關寶提供的「藏槍圖」，又挖出屏東楓港派出所失竊的兩支卡賓槍，這項重要證物的出土，使得全國警方終於結束因四大懸案遲遲未破所帶來的夢魘。而讓涉案主嫌胡關寶認罪，心服口服地供出藏槍處，並交代詳細案情，當年時任台北市刑警大隊副大隊長的侯友宜，居功厥偉。

警方處理這四件大案，猶如八年抗戰一般，期間歷經了諸多波折，狡猾的主嫌胡關寶落網後，在時任北市刑大副大隊長的侯友宜動之以情、說之以理下，終於坦承犯行，除了吳東亮綁架勒贖案等，他也是四大懸案主嫌，雖然最後四案破而未宣，僅以移送胡關寶來表示偵破，但警方長達八年鍥而不捨的辦案精神，已足可證明法網恢恢、邪不勝正兩大眞理。

胡關寶是惡霸也是軍官

講到胡關寶這個人，警方在調查他的身分後，深感訝異，他不僅是出身眷村的流氓惡霸，更曾經是陸軍軍官學校正期班高材生，因爲成績表現優異，軍方還曾選中他，將他送到美國維吉尼亞軍校受訓。

胡關寶在官校時，經常出入聲色場所，犯規違紀遭到退學，後來他又考取輔仁大學大衆傳播系夜間部就讀，但因竊盜案再度被退學。胡關寶步入歧途一錯再錯，從他人生的歷程足可見他有個聰明的頭腦，可惜卻用在爲非作歹上。

胡關寶在落網後，外界有傳言他臨死前供認犯下四大懸案，並指引警方挖出關鍵性證物卡賓槍，是因爲他與警方一直存有「交換條件」的關係，對此侯友宜不願意多談，不過，侯友宜相當肯定地指出：「四大懸案就是胡關寶幹的，絕對沒錯！」

當時爲了破四大懸案，侯友宜先後跟台灣治安史上最凶狠的兩名頭號要犯劉煥榮與胡關寶鬥智、鬥法、甚至搏感情。兩大要犯落網入獄後，於一九九一年九月底中秋節，共同贈送一幅鍾馗畫像給侯友宜留念。其實劉煥榮生前送了多幅在獄中所繪的關公和鍾馗畫像給侯友宜，其中這幅鍾馗畫像旁，還題有「天下若多此斯人，吾等小魅何處遁」的字句。

受到注意的是，在這幅劉煥榮所畫的鍾馗畫像旁，除了劉煥榮的親筆題字敬贈「侯警官」外，另外一旁還有胡關寶親筆所寫的「上和下睦、夫唱婦隨」八個字，兩大要犯都親自題字送給侯友宜，這段警察與重刑犯在破案後交心的故事，在劉、胡兩人伏法多年之後，依然爲後人津津樂道，也算得上是警匪故事中的奇聞趣事吧！

「胡冠寶」就是「胡關寶」？

四大懸案在八年後能成功破案，除了因爲重要證物警用失槍、卡賓槍，以及胡關寶的認罪供詞，最主要的關鍵，是「一一三〇」華銀襄理劫鈔命案專案會議中的第「九九八」線索，其實，該線索早已經指出「胡冠寶」涉案。

雖然與胡關寶僅有一字之差，但侯友宜認爲，該線索中所指的「胡冠寶」，就是胡關寶本人。侯友宜也強調，四大懸案能夠偵破，當年負責偵辦案子的「前輩」才是大功臣，尤其是已過世的專案小組祕書刑事小隊長王士魁的功勞最大，由於他的詳細記載，日後警方才會發現潛藏在線索裡的答案，並從中突破案情。

就在「一二三〇」專案小組人員採查出「胡冠寶」因竊盜罪遭通緝，要找尋「胡冠寶」和女友陳王秋鑾到案說明時，專案人員突然接獲桃園警方的情報，指亡命國外的竹聯幫殺手劉煥榮，才是華銀搶案的主謀。

提供給警方這項線索的檢舉者，是劉煥榮的換帖兄弟段樹文，因爲他與遭劉煥榮槍殺的游國麟女友王阿雪兩人的自白口徑一致，因此警方專案人員採信該檢舉內容，並將偵查華銀搶案的目標指向劉煥榮，「胡冠寶」當年因此逃過一劫。

劉煥榮是華銀搶案的主嫌？

一九八五年初，段樹文在接受「一二三〇」專案人員多次借提時，都一口咬定劉煥榮就是華銀搶案主謀，並表示此事是他聽遭劉煥榮滅口的游國麟生前所告知的，游國麟直指華銀搶案是劉煥榮所爲，而游國麟的女友王阿雪也是同樣的供詞。

段樹文供稱，他自己後來也爲此問過劉煥榮，起初對方不承認，後來才默認並要求他保密，段樹文甚至向辦案人員表示，他懷疑游國麟是因爲想向警方「自首」，才反遭劉煥榮槍殺滅口。

段樹文還說，劉煥榮對他利誘威逼並用，就是怕他洩漏風聲，還曾給他五十萬元封口費，「所以我一直不敢說出去，直到從報上得知游國麟被劉煥榮槍殺。」在又氣又怕之下，段樹文決定揭發劉煥榮的罪行。

一九八六年三月初，在菲律賓犯下陳氏兄弟滅門血案的劉煥榮，於日本落網，並被押解回台灣，受審後他矢口否認參與華銀搶案，劉煥榮當時曾多次詢問辦案人員，自己怎麼會被捲進華銀搶案，對於蹚了這個渾水，也感到莫名其妙。

由於，劉煥榮涉嫌多起重案，身上背負多條人命，又有可能是華銀搶案的主嫌，因此，當時台北市警局特別和刑事局及軍方成立「聯合偵訊小組」，聯合偵訊劉煥榮與一起犯下菲律賓陳氏兄弟滅門血案的共犯齊惠生，而侯友宜也是聯合偵訊小組的成員。

侯友宜在偵訊劉煥榮時，對於他從一個名不見經傳的不良分子，竄升到竹聯幫頭號殺手的經過，還有劉煥榮在竹聯幫中擔任忠堂主董桂森的護法一事，如數家珍，並讚許劉煥榮雖是殺手，但是事母至孝，頗爲難得。

侯友宜對劉煥榮說：「我相信你在菲律賓會犯下陳氏兄弟滅門血案，一定是有苦衷！殺人恐怕你是有份，但強姦陳家小女孩的事，我相信你絕對不會幹！」劉煥榮一聽到侯友宜這麼說，眼眶立刻紅了，劉煥榮說：「我們在外混兄弟，這種髒事當然不會幹，還是你瞭解我！」彼時侯友宜和劉煥榮的關係，就是在這種坦誠以對的交心之中建立出來的。

劉煥榮亦曾向侯友宜拍胸脯保證，華銀搶案絕對不是他做的，而且和他一點關係也沒有，劉煥榮告訴侯友宜：「是我做的案子，我絕對會承認！但不是我做的，我也不會去背黑鍋！」

與劉煥榮進行多次懇談後，侯友宜決定採信劉煥榮的供詞，並向當時的台北市警局長顏世錫、刑警大隊長張友文報告，華銀搶案並非劉煥榮所爲，甚至在專案會議上獨排衆議，表示相信劉煥榮未涉及華銀搶案。

段樹文爲報仇「黑」劉煥榮

警方聯合專案小組又一次借提段樹文，希望能進一步查知和確認，究竟是劉煥榮在說謊？或是段樹文說謊？以便進一步釐清劉煥榮有無涉及華銀搶案的疑點。

段樹文在警方借提時，爲了證明劉煥榮有犯下華銀搶案，越扯越多人，他的十多名朋友因此受牽連，被警方逮捕進了牢籠，最後段樹文自己也從檢舉人變成共犯，深怕再拖累朋友，他終於承認自自己「誣陷」了劉煥榮。

段樹文表示，他是因爲好友游國麟被劉煥榮夥同竹聯幫分子殺害，棄屍在坪林鄉的荒郊野外，因痛恨劉煥榮手段狠毒，不但要錢、還要自己兄弟的命，所以才挾怨報復、故意誣陷，要拖劉煥榮下水。

游國麟的女友王阿雪也說，是因爲要替男友游國麟報仇，才會附和段樹文的說法。對於段樹文、王阿雪等人替游國麟報仇的舉動，劉煥榮表示可以理解。在接受侯友宜偵訊時，亦曾表示很後悔在衝動下開槍打死了游國麟，對此他始終深感歉疚。

對於劉煥榮能洗刷掉「華銀搶案主謀」的抹黑，侯友宜的確幫了很大的忙。

在侯友宜和自己「聊」了幾次，就憑著多年的辦案經驗，排除自己涉及華銀搶案的功力，也讓劉煥榮刮目相看，十分佩服，頻誇侯友宜明察秋毫的能力了得。

此外，劉煥榮輾轉從其他辦案人員處得知，侯友宜曾在警方專案會議上大力幫他說話，是故對侯友宜也有了一份感恩之情，曾多次親口感謝侯友宜的仗義執言、實事求是。

辦案「以槍追人」的最高指導原則

警方偵辦華銀搶案等四大懸案時，「以槍追人」一直是最高指導原則，八年來，警方上山下海找尋失竊的卡賓槍，著實煞費苦心，當時調查、辦案的曲折過程，在台灣治安史上實爲罕見。

其中最戲劇性的一段，當屬綽號「石猴」的逃兵石家銘被懷疑涉案，因爲當時石家銘是唯一被警方起獲三支卡賓槍的嫌犯，警方也差點就要召開破案記者會，但後來槍枝被送到西德、日本、美國等地做彈道比對，結果出現了分歧的結論，這也使得警方不敢貿然宣布破案，於是案情又陷入膠著。

一九八四年元月，警方獲報，自軍中逃亡的「石猴」石家銘，在軍中偷了三支卡賓槍、及五百多發子彈，後來警方在他使用的車子上尋獲卡賓槍與子彈，經送刑事局物理組比對，認爲與搶劫桃園中油加油站的卡賓槍是同一支，這項發現使華銀搶案，首度出現破案的曙光，可惜後來證明是空歡喜一場。

一九八六年十二月底，警方偵破吳新華犯罪集團，在新竹拾穗農場找到吳新華弟弟吳新元持卡賓槍的照片。卡賓槍的出現，又令沉寂的華銀搶案調查工作再掀高潮。

當時，吳新華的同夥李芷白甚至向警方自白，供稱吳新華因涉及華銀搶案，擔心竹聯幫分子鄒明正洩密，才將鄒明正及其女友殺害，並埋屍在拾穗農場，不過，當時警方只找到吳新華等人殺害湖口雙哨兵所搶的兩支M十六步槍，並未尋獲卡賓槍，這讓追查工作再度觸礁。

而涉及多件殺警、劫鈔案的林宗誠犯罪集團，由於他們凶殘的「殺人滅口」作案模式，警方專案小組也一度懷疑這一夥人涉及華銀搶案，但最後都沒有找到華銀搶案的直接證據卡賓槍、國民儲蓄券，使得案情無法突破。

吳東亮綁案揭四大懸案眞相

一九九〇年十二月十八日晚間十點多，新光集團少東吳東亮搭乘座車，回北市忠誠路二段的住處，吳東亮下車後，獨自從地下室走上一樓時，突遭三名歹徒蒙住嘴巴，強押上外面等候的黑貂汽車內。

吳家在當晚十一點三十分，接到歹徒用吳東亮手機打來的電話，告知「吳東亮在我們的手裡」，彼時警方根本沒料到，這起要求一億元贖金的名人綁架案，竟是打開台灣治安史上對警察殺傷力最大的四大懸案破案鑰匙。

台北市警士林分局在接獲一一〇報案後，立刻派員到吳家瞭解案情，但吳家否認。不過，台北市刑警大隊偵五隊長何明洲，卻接到「內線」指吳東亮被綁架，立刻向大隊長梁建銘報告，再度查證後，證實吳東亮的確被歹徒綁架。

台北市刑警大隊長梁建銘和士林分局長謝秀能，則分別向台北市警局長廖兆祥報告，廖兆祥知悉後，要副大隊長侯友宜率領偵五隊長何明洲負責偵辦，並監聽吳家進出的電話，五輛偵防車也奉令在吳宅附近，展開待命監控。

經過徹夜協調溝通，吳家的人才同意警方介入偵辦，並在十九日清晨，讓侯友宜等人進入屋內監聽電話，上午近九點，歹徒打電話到吳家，找昔日爲知名女星的吳妻彭雪芬，要求一億元的贖款，而有關交款地點則再聽候指示。

十九日下午一點多，歹徒二度去電吳家，指定由吳東亮的王姓司機，駕駛吳的轎車先到台灣大學對面麥當勞旁的一個公用電話亭，拿取一支鑰匙，再到敦化北路的中泰賓館停車場，打開一只皮箱，取出箱內的大黑袋，要其回家再等候後續的指示。

晚上十點多，歹徒竟然改打電話到位在陽明山上的吳家，要女管家告訴彭雪芬，帶著行動電話，乘坐土姓司機的座車前往榮民總醫院大門前等候，吳家擔心彭雪芬一人獨往會發生危險，希望多派人員前往，但彭雪芬顧慮丈夫的安危，堅持隻身前去，依指示坐車前往，但等到十一點，仍未見歹徒出面接洽，彭雪芬於是又返家等候消息。

二十日下午五點，歹徒又打來電話，要求彭雪芬獨自駕車到台北市的某間旅館內，訂房間等候指示，彭雪芬依約在旅館房內等候，歹徒卻又來電要求彭雪芬回家，改搭王姓司機駕駛的轎車，並先準備好五百萬元贖款及兩支大哥大行動電話，裝進歹徒提供的大黑袋，帶上車進一步等候消息。

女星彭雪芬兩次付贖一億元救老公

二十日晚上九點多，歹徒再度以電話聯絡彭雪芬，要她先到一家飯店等候，並要她從袋中取出其中一支行動電話，再獨自開車上高速公路。

彭雪芬按照歹徒指示上了中山高速公路，行駛至南下八十六公里處、新竹山崎派出所附近，將裝有五百萬元及一支行動電話的大黑袋，放進路旁一個竹籃內後離去。接著歹徒從上方陸橋釣走竹籃，並以該手機聯絡吳家。

晚上十一點，彭雪芬在車上接獲歹徒電話警告，不可馬上回家，要等到他們確實收到錢後才能返家。彭雪芬只好開車在台北市街道繞行，直到二十一日凌晨零時，歹徒來電說：「我們收到錢了。」告知彭雪芬可以回家，且要求她今後都以這支行動電話聯絡。

二十一日上午八點三十分，歹徒來電要求彭雪芬帶著餘款九千五百萬元，前往木柵莊敬路一處隧道附近，而警方則開車跟隨在後，當時歹徒站在制高點，將所有尾隨彭雪芬的警方偵防車引入一條死巷，接著歹徒不滿嗆道：「妳準備幫妳老公收屍吧！」隨即掛斷電話。

聽到歹徒撂下狠話，當場把彭雪芬嚇哭了，並與跟隨她的警方發生言語衝突。為了老公安全，彭雪芬打電話給警政署長莊亨岱，要求警方現在全部撤離她家，警方只好在吳家外監視。

下午五點多，歹徒又來電話，要彭雪芬帶著贖金，在台北市區繞來繞去，還不時地聽從歹徒的話，更換不同的地點等候，大多是歹徒爲了確定有沒有警方跟隨彭雪芬的「假演習」。

直到深夜十一點許，彭雪芬才在歹徒的指示下，獨自將車開到新店山區一處開設有土雞城的偏僻處，歹徒要她將九千五百五萬元贖金，分別裝在留在現場的三個袋子內，並放在一處畫有白圈圈的草叢內離去。

老公平安歸來後，警方曾問彭雪芬現場經過，她說當時她邊裝錢邊哭，害怕三個袋子會不夠裝九千五百五萬元贖金，沒想到剛剛好就裝滿三袋。彭雪芬說她也沒心思仔細數錢，就是把錢分裝完後放入圈圈內，就開車下山了。

吳東亮被綁三天後平安獲釋

二十二日凌晨二點許，彭雪芬接到歹徒的電話，說「我們收到錢了」，同時保證說話算話，一定會「馬上放人」，要彭雪芬回家等候消息。

十五分鐘後，彭雪芬再度接到歹徒的電話，要她前往中山北路圓山保齡球館的停車場接人，於是吳家通知警方，由警方人員前去接回兩眼蒙著黑布的吳東亮。

吳東亮在家屬交付歹徒一億元贖金後獲釋，這起台灣治安史上最高贖金的綁架勒贖案隨卽正式曝光，爲此台北市警局、刑事局也正式成立了「一二一八」專案小組負責偵辦。

警方發現，該案歹徒和五月的松山區沈姓商人遭綁架勒贖六百萬元，和十月的中山區秦姓學童綁架勒贖六百萬元案手法雷同，懷疑爲同一批綁匪所爲。

由於在秦案中，負責偵辦的中山分局，在新莊某電話公司找到歹徒使用行動電話的登記人，是一名詹姓業務員，並進而查出電話帳單是由金匯通證券公司所交付，警方遂請吳案目擊證人和秦案被害人描繪出歹徒畫像。

而偵辦沈案的松山分局，則查出歹徒用來跟沈家人聯絡的大哥大行動電話，機主是張家虎，後又接獲線報，得知經常流連酒店等場所，以「張君」之名簽帳的男子涉有重嫌，辦案人員懷疑「張君」就是張家虎。

另外，根據一名關鍵女證人的指認確定，「張君」就是綁架沈姓商人的歹徒張家虎，松山分局辦案人員也認出，中山分局請人畫的秦姓學童綁架案綁匪畫像就是張家虎，因此警方展開追緝張家虎的行動。

前保齡球國手張家虎身上帶吳案贓款

警方調查，張家虎出身新竹關東橋陸光新村一帶，過去曾經是保齡球國手，代表過國家出賽，因爲染上賭博，欠債走上錯路，跟隨一名綽號「胡老哥」的同村大哥一起混江湖。

警方專案人員查知，張家虎有個女友在酒店上班，爲打探張嫌的消息，警方連續「包」了張家虎的女友好幾天，進而探知張家虎在新竹的落腳處，也查到他台北的落腳處，就位在新店的黎明清境山莊，同住的還有一名「胡老哥」，警方向眷村人員查後得知，張家虎跟的「胡老哥」，就是「胡關寶」。

十二月二十四日晚間十點多，何明洲、許榮春、李富星等警方專案人員僞裝成賣槍的槍販，進入新竹唐伯虎KTV內喝酒，後見到張家虎和漆慕堯等朋友在喝酒打牌，立刻一擁而上逮人，當時張家虎身上還起獲了一疊綁著台銀封條的吳東亮案贓款。

何明洲、許榮春等人押著張家虎坐上偵防車，隨卽一路飛馳返回台北，行程中張家虎一度尿急，但警方唯恐放他下車如廁會發生意外，只好讓張家虎在偵防車上解手，等回到台北市保安大隊後，警方立即對張家虎展開偵訊工作，追查吳東亮案的贓款下落和相關案情。

另一組人馬則由侯友宜等警方專案人員，趕赴新店黎明清境山莊打探胡關寶的藏身處，因擔心打草驚蛇，帶隊的侯友宜便向當地一名商家謊稱，說只要找到照片中的男子，就會發放協助警方破案的獎金，該商店老闆聽完，立刻告知警方胡關寶住在哪。

胡關寶往侯友宜頭部開槍

十二月二十五日凌晨，女警官李莉娟佯裝成前來借電話的鄰居，去敲胡關寶的家門，當時開門的胡關寶女友王秋鑾不疑有他，立刻開門讓李莉娟進屋打電話，當李莉娟一進屋，侯友宜等人同時立刻衝入，此時正在打行動電話的胡關寶，立刻大喊要女友關電燈。

因侯友宜等警方人員已把胡關寶圍住，但長得高大強壯的胡關寶全力反抗，並趁亂搶走一名刑警的九〇手槍，直接對著站在面前的侯友宜要扣扳機開槍，現場的其他刑警見狀，情急下也拔槍指著胡關寶，但幸運的是，胡關寶開的槍並未成功擊發，胡關寶當場傻眼愣住，侯友宜因此逃過一劫。

侯友宜眼見機不可失，迅速就往胡關寶的身上撲過去，伸手奪下對方所搶走的警用九〇手槍，並將警槍去給其他刑警，手中無槍的胡關寶繼續做困獸之鬥，侯友宜隨手抄起一旁的電風扇，就往他頭上敲下去，但是，似乎對胡關寶沒多大效用，所幸最後刑警們合力把胡關寶緊緊壓制住，並用手銬銬上。

落網後的胡關寶實在搞不懂，那把搶來的刑警配搶爲何會失靈無法擊發，直到後來才弄清楚，刑警已改用九〇手槍，必須拉滑套、開保險後，才能扣扳機射擊，和過去使用的點三八左輪警配槍，可以馬上扣扳機開槍的使用方式不同，事後胡關寶直呼：「有夠衰！」

待侯友宜等人控制住胡關寶及其女友王秋鑾後，立刻搜索其住所的屋裡屋外，但是，都沒有找到吳東亮案的一億元贖金，侯友宜和霹靂小組幹員先押胡關寶回台北市保安大隊接受偵訊，留下楊源明等中山分局人員繼續搜索，可是仍無所獲。

凌晨兩點多，侯友宜、許榮春輪流跟胡關寶談話，侯友宜當時告訴胡關寶，許榮春原本是籃球國手，喜愛運動的胡關寶立刻瞪大了眼睛盯著許榮春，眼神充滿崇拜，許榮春跟著告訴胡關寶，自己從小到大苦練籃球後轉當刑警的辛苦過程，沒想到胡關寶聽完後，就告訴侯友宜、許榮春一億元贓款的去處，原來胡關寶將錢藏在陽明山後山一處墳墓裡。

胡關寶也表示，願意帶同警方人員去取贓款，彼時梁建銘帶著侯友宜、王文忠、何明洲、許榮春等大批人馬，便跟隨胡關寶前往陽明山後山取款，但又怕胡關寶會搞鬼，因此，許榮春、王永村、陳再道、吳明宗等人就用跆拳道的道服腰帶，紮紮實實地把自己和胡關寶綁在一起。

過程裡，胡關寶領著警方去陽明山「爬山」，由於山路險峻，胡關寶一路上還要許榮春等人不要看他看得那麼緊，但許榮春等人無視這些抱怨，只想全力將滑頭的胡關寶看管好。

果然，胡關寶爬山爬到一半，看見一塊山坡地上有個水池，就奮不顧身連滾帶爬地滾下山意圖「尋短」，見此狀況的梁建銘等人，也立刻跟著翻滾下山要捉住胡關寶，還好胡關寶被和許榮春等人綁在一起的跆拳道腰帶絆住，後來，胡關寶更乾脆耍賴，坐在地上不願意走。

胡關寶當時還向梁建銘等人要了香菸，就坐在地上抽起菸來，梁建銘開始跟胡關寶講述他所認識的眷村子弟，強調他們即使是混黑道也很重承諾，侯友宜也跟胡關寶聊到和劉煥榮等人的交往情況，但一直到上午八點多，胡關寶仍賴坐在地上抽菸沉思。

警方找到新竹雙警命案被搶警槍

就在大夥面面相覷時，突然胡關寶大嘆了一口氣，自言：「慷慨歌燕士，從容做楚囚。」隨後告訴梁建銘、侯友宜等人，錢就藏在新店黎明清境住處內，於是梁建銘立刻向在保安大隊偵訊張家虎的市警局長廖兆祥報告。

警方收到長官指令後，便派另一批人員趕到黎明清境胡關寶的住處搜索，由於已是二度搜索，警方作業巨細靡遺，簡直要把屋子翻過來，但仍找不到吳東亮案的贖金，後來梁建銘乾脆叫胡關寶把藏贓款的地點畫出來，警方人員才從胡關寶住房的一處衣櫃後方密室，起獲八千六百八十萬元贓款、以及兩支制式左輪手槍、一支黑星手槍。

最後胡關寶、張家虎等嫌犯坦承犯下吳東亮案，但張家虎辯稱是胡關寶找他一起討債。後來警方又陸續找到四百多萬元贓款，總共追回了九千五百一十萬元，另有四百九十萬元贓款至今下落不明。

但令警方人員興奮的是，胡關寶處起獲的兩支制式左輪手槍，其中一把經查就是一九八五年間，新竹雙警命案殉職警員周崑淸被歹徒搶走的警用左輪配槍，這使得懸宕多年的新竹雙警命案，露出破案曙光。

警訊中，胡關寶供稱，左輪警槍是向一名綽號「小凱」的黑道分子楊玉斌，以每把十萬元購得。後在多次借提偵訊中，關於槍枝來源，胡關寶仍緊咬著楊玉斌不放，但因楊玉斌人在大陸，當時造成警方在查證上非常困難。

但警方查證胡關寶的供詞時發現，左輪警槍確實是楊玉斌交給胡關寶的，只不過，是因爲張家虎賭輸了錢，從胡關寶處偷出那把槍交給楊玉斌抵債，後來胡關寶知道張家虎偷槍還賭債，就跑去找楊玉斌以十萬元贖回。

張家虎在警訊中表示，胡關寶曾經展示過警槍給他看，還強調：「這槍很有來頭！」使得警方更加相信，胡關寶犯下了新竹雙警命案，也與華銀襄理劫鈔命案、楓港失槍案、桃園中油加油站搶案有關。

胡關寶戲耍侯友宜，侯友宜「忍了」！

侯友宜臨危授命接下了負責偵訊胡關寶的重責。而胡關寶看準侯友宜等專案人員很想偵破新竹雙警命案、華南銀行搶案、楓港派出所失竊卡賓槍、桃園加油站持槍連續搶案四大懸案的心情，要弄侯友宜等人，爲了四大懸案可以破案，侯友宜「忍了」。

狡詐的胡關寶，只要侯友宜等專案人員不問四大懸案的案情，態度就相當配合，還不時指導專案人員如何查案，胡關寶甚至很關心許榮春棄球從警的心路歷程，頻頻問許榮春：「當籃球國手好、還是當刑警好？」

老實的許榮春告訴胡關寶：「刑警只要不碰到你這種『鬼』，總是在胡說八道，不說眞話，日子就過得很愉快！」話一出，立刻引起胡關寶不悅。不以爲意的許榮春繼續曉以大義：「做人爽快一點，不要這樣『鬼來鬼去』，你眞的快樂？」

胡關寶質問侯友宜，爲什麼媒體要把他和曾犯下「土地銀行搶案」的搶匪李師科相提並論，還大聲地跟侯友宜說：「我抗議！」侯友宜回答：「這件事情，你自己要跟媒體抗議，跟警察無關啊！」一番折騰搞得警方專案人員莫名其妙。

胡關寶從落網後，就不時以死相逼，警告侯友宜等警方專案人員，如果敢動他，馬上就死給大家看，要讓警方吃不玩兜著走，也對警方嬉皮笑臉說：「你追不出警槍來源，我也愛莫能助。」

侯友宜等警方專案人員知道，胡關寶一派胡言瞎扯、酸言酸語，可是，胡關寶非常可能知道新竹雙警命案的內情，且更有極大可能就是胡關寶集團幹的，種種跡象牽動著四大懸案的眞相，警方氣歸氣，也不得不把胡關寶當成一塊「寶」。

狡黠的胡關寶在侯友宜偵訊時，對四大懸案的案情總是欲語還休，常常一開口就滿口的社會公義及懺悔，並時時刻刻製造機會計畫脫逃，還會突然打個界外球或變化球，讓警方人員疲於奔命，結果不是找不到「證物」，就是「查無此人」。

胡關寶緊咬楊玉斌殺警奪槍

侯友宜等人雖已查出胡關寶謊話連篇，可是他仍堅稱警用失槍是「小凱」楊玉斌賣給他的，逼得人在大陸的楊玉斌，只好透過媒體否認，楊玉斌接受媒體訪問時表示，在胡關寶身上起獲的警用左輪手槍，不是他賣給胡關寶的。

楊玉斌指出，「我雖然對台灣警察不滿，但是殺警察這種『人神共憤』的事情，我是絕對不會做的。」更嗆胡關寶「不要拖我下水」。

楊玉斌隔海否認賣警槍給胡關寶，並對胡關寶緊咬他不放表示不滿，警方專案人員把楊玉斌否認的事，告知胡關寶，但胡關寶反而譏笑：「哈哈哈，你們被小凱騙了！」甚至也嗆小凱：「有膽就來對質，看看究竟是誰說謊！」

侯友宜說，胡關寶是他辦案以來，碰到過最有心機又難纏的對象。因此，侯友宜透過管道要楊玉斌爲自己證明淸白，最好能出面說明，不過，遭到楊玉斌以「我是通緝犯」，拒絕返回台灣，如此一來，胡關寶和楊玉斌的對質根本行不通。

侯友宜辦案有個特性，碰到越難偵辦的案件，他就越想破案，加上當年他曾經加入「一二三〇」專案的偵辦工作，看到華南銀行襄理林永泉慘死，可是，多年過去了，凶嫌依然逍遙法外，想要將歹徒繩之以法的意念，更加強烈。

尤其是胡關寶可能就是槍殺自己警察弟兄的凶嫌，城府很深、工於心計，會挑撥辦案人員，及嘲笑警察辦案能力太差的胡關寶，囂張、狂妄、有恃無恐，都讓侯友宜看了非常生氣。

關老爺顯靈相助？

爲了要偵破四大懸案，侯友宜決定收起個人好惡，開始跟胡關寶「哈拉打屁」，從小學、國中、高中、大學、赴美求學和父母兄弟姊妹等談了起來，希望可以從中找到「破口」，讓胡關寶說出四大懸案。但是沒有成功！

有一天，侯友宜帶著何明洲、許榮春、李富星、陳明賢、王永村、吳明宗等人，從台北看守所借訊胡關寶出來，案子沒有突破很煩惱，大家一邊走，嘴裡則一邊罵著胡關寶。

坐在偵防車內的侯友宜，從上車開始就沒說話，一直沉思著，突然說：「我們去三芝鉅龍工廠。」而三芝鉅龍工廠就是當年華銀襄理林永泉喪命的地點，何明洲、許榮春等人對「侯副大」突然要重返林永泉命案現場，感到非常納悶。

可是，見「侯副大」的神態又不像開玩笑，而且，侯友宜很堅持要到三芝鉅龍工廠看一看，因此何明洲、許榮春等人雖感到很不解，但又不敢多問，開車的吳明宗就按照指示，把車開到三芝鉅龍工廠。

侯友宜等人到達林永泉喪命的鉅龍工廠後，先焚香祭拜了一番，隨後再次把鉅龍工廠四周的地形、地物、環境等仔細察看一遍，接著轉到北市民權東路行天宮拜拜，這才又駕車返回台北市刑警大隊。

其實，刑警辦案雖說是靠實力，但碰到案情突破不了時，常會找神明指點迷津。以台北市刑大爲例，因武昌街駐地接近台灣城隍廟，所以「城隍爺」是刑警求助的神明之一。但因爲大多數刑警信奉的是關公，找關老爺幫幫忙是很普遍的事情。

重返三芝鉅龍工廠林永泉被槍殺命案現場，後又轉至行天宮拜關公，當天侯友宜的這些動作，事後回想起來，也不知道自己爲什麼那麼做。不過，侯友宜後回到辦公室，卻發現了破案線索，不可思議的是，那天剛好是關聖帝君聖誕，是否爲「關老爺」顯靈相助，就不得而知了。

侯友宜看見「胡冠寶」的名字

回到台北市刑警大隊時，早已過了用餐時間，侯友宜幫陳明賢、吳明宗、王永村等人叫了便當，四人就在副大隊長辦公室裡一邊吃便當、一邊研究案情，並從堆滿辦公室的數百箱四大懸案舊檔案資料中，一份接一份地翻找蛛絲馬跡。

侯友宜隨手拿起一份早已泛黃的「一二三〇」專案二一八次會議紀錄看，開會時間是一九八四年十月二日，突然侯友宜看到第「九九八」號線索中，記載有女子「陳王秋鑾」及「胡冠寶」的名字。

侯友宜看著「胡冠寶」三個字，心想著會是胡關寶？「『胡冠寶』有一名『陳王秋鑾』的女友」，而胡關寶則有一名叫做王秋鑾的女友，他們女友的名字都叫做「秋鑾」，太巧合了吧？

侯友宜很仔細地翻看線索的內容，內容指出一九八四年八月十六日上午十點多，有一名叫做陳王秋鑾的女子，持一萬元百元鈔到華銀信義分行存款，百元鈔的號碼和遭劫走的百元鈔號碼「靠近」，故當時該行的王姓專員便提出供警方參考。

當時「一二三〇」專案的線索上千條，因此，調查女子陳王秋鑾的這條「九九八」號線索，是由台北市刑警大隊偵四隊負責，會議紀錄上寫著陳王秋鑾有友「胡冠寶」，而「胡冠寶」現正因竊盜遭通緝中，之後就沒有關於「胡冠寶」的記載。

侯友宜看著第「九九八」號線索，腦海中想著這個叫做陳王秋鑾的女子，應該就是胡關寶的女友王秋鑾，至於「胡冠寶」應該就是胡關寶。因爲一字之差，而女友都是「秋鑾」，這樣的機率應該不大？

侯友宜立刻將這項發現跟局長廖兆祥、大隊長梁建銘報告，大家緊繃的臉終於有了笑容，而在侯友宜的心裡，也已經有了對付胡關寶的計策，有信心絕對可以讓胡關寶說出華銀搶案等四大懸案的眞相。

爲求愼重，侯友宜要陳明賢等人去找當年負責調查陳王秋鑾和「胡冠寶」線索的刑警進行瞭解，爲何當初會中途而廢；也要偵五隊長何明洲及副隊長許榮春，祕密訪談胡關寶的女友王秋鑾，希望能從中多瞭解一點，當年她寄存那些百元鈔的來源。

侯友宜因爲過去曾參加過「一一二三〇」專案會議，因此，很努力地回想當年開會的經過，並從過去追查陳王秋鑾的刑警口中獲知，除了偵查目標轉向劉煥榮外，另外的因素則是，後來根本找不到陳王秋鑾，更不要講找她的男友「胡冠寶」問話。

何明洲等人從王秋鑾口中獲知，刑警當年找不到她，可能是她離婚後去除了夫姓恢復本名，所以，警方無法找到她；但根據警方調查發現，王秋鑾當時在華銀信義分行完成存款後，就被胡關寶帶往美國，刑警才會找不到人。

王秋鑾也告訴何明洲等人，胡關寶利用她的帳戶做生意，但無論是做投資公司或是買賣股票，王秋鑾說：「胡關寶不讓我管『錢』的事情」，並否認知道胡關寶涉入四大懸案，但警方人員懷疑胡關寶利用王女的銀行帳戶洗錢。

警方人員查出，胡關寶與女友王秋鑾及另一同夥張建發，曾在一九八七年間，經營了一家投資公司對外吸收數億元資金，並與日本一家規模龐大的知名土地開發建設集團合作，準備在新北市投資四十億進行「造鎮計畫」，後因這項造鎮計畫沒談成，陸續將吸收的資金退還給投資人，當時胡關寶就是使用王秋鑾的銀行帳戶做生意。

侯友宜找到胡關寶的死穴？

這一天，侯友宜見到胡關寶開口第一句話，就是跟胡關寶說：「我們來談一談你的女友王秋鑾。」胡關寶聽後先是一驚，馬上又露出狡詐的笑容；不過，一改過去嘲笑警方態度，對於侯友宜提到關於女友的事情，他一律拒絕回答，再不然就是以「你有證據，我就承認」來搪塞。

但讓侯友宜感到奇怪的是，胡關寶雖閉口不說話，但神情變得緊張與激動，此讓侯友宜的心中有了譜，更加肯定四大懸案和胡關寶之間，絕對有重大關聯。而讓胡關寶會願意說實話的關鍵，應該就是胡關寶的女友王秋鑾。

胡關寶對於被侯友宜問到女友王秋鑾，曾經在華銀搶案發後八個月，持疑似華銀被搶走的百元鈔，到華銀信義分行寄存的事情，胡關寶顧左右而言他的反應，讓侯友宜覺得很奇怪，此讓侯友宜認為，胡關寶涉入四大懸案的可能性增高。

可是，侯友宜更關心的是，要破四大懸案，必須先找出串聯四大懸案的重要關鍵證物「卡賓槍」，但是，卡賓槍究竟在何處？因此侯友宜當下認為，只要能從胡關寶口中，問到失竊八年的卡賓槍下落，懸宕多年的四大懸案就可以偵破。

一九九一年三月二十三日，胡關寶因坦承犯下吳東亮三起綁架勒贖案，被士林法院一審判決死刑。故侯友宜等人很擔心，四大懸案的重要卡賓槍祕密，會隨胡關寶因綁案被槍決，而永埋於土中。

為了突破案情，當時的台北市警局長廖兆祥開先例，親自到台北看守所和死刑犯胡關寶對話「聊天」。廖兆祥對胡關寶動之以情，勸導他在臨死前，應該以具體行動向社會贖罪，並為自己的家人做點事，胡關寶答應廖兆祥會慎重考慮，同時表示：「我不會讓你失望的。」

胡關寶雖然口頭上答應了廖兆祥，但心中仍然存有一絲希望，所以，對於有關四大懸案的案情雖然願意談，但仍然多所保留，直到一九九一年七月二日，台灣高等法院二審判決胡關寶死刑定讞，自知求生已無望，胡關寶才逐漸鬆口。

在廖兆祥探望胡關寶後，侯友宜、何明洲、許榮春等人繼續跟胡關寶聊華銀搶案等四大懸案，胡關寶會把整個犯案經過詳細陳述交代，但當侯友宜等人要做正式偵訊筆錄時，胡關寶又會立刻閉嘴，拒絕被偵訊。

不過，侯友宜等人從胡關寶口中，已獲知四大懸案的案發過程，及犯案嫌犯有胡關寶、漆慕堯、彭光時等人，便立刻將這些資訊上報給莊亨岱、盧毓鈞、王郡等長官，並向法官要求借提胡關寶，但卻遭到法官拒絕。

在胡關寶二審死刑定讞後，警方開始跟時間賽跑，唯恐在胡關寶被槍決前，無法找出四大懸案的重要證物卡賓槍，將使四大懸案永遠成為懸案。

為突破案情，侯友宜、何明洲、許榮春等人，最後終於決定使出狠招，他們對於必須技術性地取得胡關寶的自白均有共識，也都認同此為權益之計。因為必須有新證據，才能根據新證據，依法請求檢察官指揮偵辦，如此做是不得已。

因此，侯友宜帶著何明洲、許榮春進台北看守所與胡關寶再聊四大懸案的案發經過時，警方暗中把胡關寶所說的話進行了錄音，再漏夜將錄音內容譯成文字。

侯友宜等人再帶著這個新發現的證據，去跟台北地檢署檢察長劉景義報告，隨即由檢察官洪威華指揮警方偵辦四大懸案。胡關寶在獲悉警方偷錄下聊天內容時，起先相當生氣，後經侯友宜等人解釋後，胡關寶諒解了警方的作法，終於釋懷。

胡關寶認「四大懸案」

胡關寶也坦白對侯友宜說，交出卡賓槍和部分案情可以，但關於共犯的部分，只要是現在有正當工作和家庭的共犯，他都不會供出。

侯友宜等人為求先找出重要證物卡賓槍，便同意胡關寶先供出自己涉案經過，交出當年用來犯案的工具，即失竊的警用卡賓槍，於是胡關寶就開始正式接受警方人員製作涉案的偵訊筆錄。

首先，胡關寶告訴前來偵訊的侯友宜、何明洲、許榮春等人，當年在華南銀行和平東路分行，搶走的是六十萬元百元鈔，不是媒體報導的二十萬元。胡關寶此話一出，當場讓侯友宜等人嚇了一跳。

胡關寶還說，看報紙知道警察在查其中的二十萬元贓款，因此，他根據媒體報導的百元鈔號碼，也就是警方要追查的那筆二十萬元百元鈔銷毀。

胡關寶表示，後來他從剩餘的四十萬元百元鈔中，數了一萬元給不知情的女友王秋鑾，叫她拿去銀行存。胡關寶向侯友宜等人強調，女友的確不知道那些錢是贓款。關於遭搶的百元鈔正確數目，連警方人員也是第一次聽到，爲求證眞實性，便向華銀相關人員查證。

當胡關寶供出，華銀搶案的失款百元鈔數目是六十萬元，而不是媒體報導的二十萬元時，侯友宜等人半信半疑，但經向華銀相關人員確認，案發時被搶走的錢，確實是六十萬元，而不是公布的二十萬元，對此警方專案人員都很高興，因爲胡關寶開始說「眞話」了。

但侯友宜等人更關心的是，串聯四大懸案的關鍵性證物，卡賓槍的下落，胡關寶說要當面告訴廖兆祥，原因是他答應廖兆祥不會讓他失望，現在要兌現諾言。

然而，廖兆祥因爲跟當時的台北市長黃大洲處不好，憤而提前退休，胡關寶從侯友宜等人口中知道，廖兆祥已被迫提前退休時，還替廖兆祥打抱不平。

胡關寶說：「那我就告訴警政署長莊亨岱好了。」因此，莊亨岱先後進入了台北看守所六次，親自偵訊胡關寶，而爲證明自己的誠意，胡關寶也將自己犯下四大懸案的經過講得鉅細靡遺，但關於共犯部分，任憑莊亨岱如何軟硬兼施，胡關寶不說就是不說。

警方同時安排了胡關寶的父母、女友等前去探視，在軟性親情的攻勢下，胡關寶終於畫出了一張藏槍圖交給莊亨岱，警方專案人員於是根據這張圖展開尋槍行動。

不過，侯友宜、王文忠、何明洲、許榮春等人實在不放心胡關寶所畫的那張藏槍圖，因此在警方尋槍行動的前一夜，就先開著車到木柵山上查探。並沒有挖到卡賓槍，只有胡關寶用來掘土的圓鍬，及用來裝吳東亮案贖金的三個袋子。

隔天侯友宜等人又進入台北看守所偵訊胡關寶，胡關寶見侯友宜等人對自己所畫的藏槍圖不以爲然，便問：「你們昨夜是不是已經先偷跑去查看？」侯友宜也回問：「你騙我們的嗎？」胡關寶隨後又畫了一張新店小粗坑山上的藏槍圖交給侯友宜等人，並對侯友宜說：「這張絕對是眞的！」侯友宜遲疑地看了一下，胡關寶接著強調：「我眞的沒有騙你。」

當時侯友宜等人再度夜探新店小粗坑的山上，根據胡關寶的藏槍圖，在產業道路旁的一處工寮，找到胡關寶所說藏置卡賓槍的地點，可是，侯友宜等人仍未尋獲卡賓槍，當下以爲又被胡關寶耍了。

但胡關寶用很肯定的語氣告訴侯友宜：「槍眞的埋在那裡，在沈姓商人的屁股下。」侯友宜等人本來不理解，後來明白他是指當年肉票所坐的位置，想到胡關寶當年埋槍的時間，距離現在已經過去了許多年，現場地貌也已改變了許多，遂把現場圖畫回去，拿給胡關寶確認藏槍的正確位置。

胡關寶在看到警方所畫的現場圖後，研究了許久才告訴侯友宜等人，藏槍地點應該是在工寮的右前方，侯友宜等人半信半疑，再次來到小粗坑產業道路的工寮，花費了三、四個小時進行地毯式搜尋，終於在水泥地下三公尺處，發現了卡賓槍的槍頭，除了立刻報告莊亨岱，也馬上派出員警漏夜看守，封鎖現場待隔日展開挖槍行動。

莊亨岱領軍挖卡賓槍

一九八一年八月二十四日上午，在警政署長莊亨岱、承辦檢察官洪威華等人帶領下，胡關寶被借提出來，和數百名媒體記者前往新店小粗坑地區，進行挖槍行動，當時連民眾都聞訊蜂擁而至，盛況空前勝於陳進興挾持人質現場的場面。

在媒體記者的照相機、攝影機燈光閃爍中，四大懸案的關鍵重要證物兩支卡賓槍，終於在上午十點十分「出土」，胡關寶接受在場記者訪問時，坦承自己犯下華銀搶案等四大懸案，但仍強調：「殺人不是我作案的目的！」同時他也向全國民眾和警察道歉。

胡關寶在起出槍枝被還押台北看守所時，警方人員在車裡讓胡關寶打電話給母親，胡關寶流著眼淚對母親講，他對不起家人，要母親以後自己好好保重，就當從來沒有生過他這個不孝的兒子，講完這些話時，胡關寶早已泣不成聲。

胡關寶在警訊中供稱，和漆慕堯兩人在一九八三年十一月十八日凌晨，利用夜間侵入屏東楓港派出所，竊取了警員方文振的服務證，槍櫃內的兩支警用卡賓槍、兩把刺刀、及左輪手槍子彈十六發。

他們在得手後，於一九八三年十二月十二日凌晨兩點三十分，駕駛偷來的一輛福特千里馬轎車，蒙面分持卡賓槍意圖搶劫桃園介壽路中油加油站，但在剪斷電話線時觸動警鈴，驚動了中油安全員，桃園警分局派出所也派員前往查看，當時胡、漆二嫌持卡賓槍拒捕，在射擊七槍後駕車逃逸。

胡關寶說，一九八三年一月五日，由他先竊取陳姓男子停放在北市仁愛路四段四〇六號地下停車場、車號 211-6868 的 BMW 的轎車作爲作案交通工具，當時與漆慕堯、方繼威欲綁架華銀分行襄理溫景成，但並沒有成功。

一九八三年二月十九日晚間，胡關寶又以竊來的警員方文振服務證，謊稱要查案，取得華銀襄理林永泉的信任，但他隨後便將林永泉挾持到淡水三芝鄉鉅龍工廠，拷打逼問銀行金庫密碼，得手密碼後竟將林永泉射殺。

次日凌晨四時許，胡關寶等三人便持卡賓槍蒙面侵入銀行，捆綁值日職員周賢陽及司機簡木桂，用密碼開啟金庫後，搶走了現金七百二十萬元，及國民儲蓄券六十二萬四千元。

胡關寶認新竹殺警奪槍

胡關寶指出，一九八五年十一月二十六日凌晨零時十五分，他和漆慕堯、彭光時及劉家孟四人持兩把卡賓槍、一支五孔左輪槍，企圖搶劫新竹建功路一處賭場。但因正在路燈下商議時，突然碰到新竹第一分局埔頂派出所警員周崑清、林有福盤查，漆慕堯、彭光時兩人一時緊張，就用卡賓槍將兩名警員射殺，並拿走兩支警用左輪配槍和八發子彈。

就在胡關寶帶領檢警人員，挖出四大懸案的重要證物卡賓槍後一星期，被胡關寶咬出的漆慕堯也在屏東落網，他到胡關寶被槍決前，都矢口否認有涉及四大懸案。警方當時為突破案情，讓胡關寶、漆慕堯兩人對質十多次，但都是各說各話，而最可以直接證明誰對誰錯的共犯方繼威，警方又始終查無此人，使得案情的發展越演越玄。

很奇怪的是，胡關寶在臨行槍決前，和漆慕堯所做的最後一次對質時，漆慕堯對於胡關寶緊咬他涉及四大懸案，非常生氣，他當著胡關寶的面撂狠話：「你再栽我贓，我就要掀出你的祕密！」胡關寶聽後臉色大變，馬上改口稱漆慕堯並未涉案。

胡關寶向檢察官供稱，會將漆慕堯扯進四大懸案，是因為他們所涉及三起綁架案發回更審，是希望能拖到《懲治盜匪條例》廢止，回歸《刑法》時可免除死刑判決。

最後胡關寶在臨死前，除了替漆慕堯澄清未涉及四大懸案外，也表示劉家孟也是遭他誣陷，並沒有涉及四大懸案，而自己先前供出的方繼威，名字則是杜撰的，胡關寶說：「很遺憾，不能透露其他共犯的身分，因為講出來是痛苦的事，會被認為出賣朋友。」

胡關寶進一步解釋，會編造出虛擬共犯「方繼威」的緣由，是聯想到台灣女藝人「方芳」的姓較特殊，而「繼威」則取自電影《法櫃奇兵》第二集，演出《魔宮傳奇》的童星「關繼威」的靈感拼湊而成。而警方也沒想到，胡關寶臨死前又耍了大家一次。

無論狡詐的胡關寶怎麼設法拖延，仍阻止不了死神對他的呼喚，一九九九一年十一月七日凌晨四點三十分，胡關寶在台北看守所戒護人員押解下進入刑場，僅留下一句「無牽無掛」後被槍斃，事後戒護人員在清理他的獨居房時，發現在胡關寶的畫版上，還留有「行險步求生、存心善可死」的詩句。

胡關寶雖然帶檢警人員起獲重要證物卡賓槍，並供認犯下四大懸案，但關於共犯、案情部分都仍留有眾多疑點，因此檢警人員在胡關寶被槍決後，就把調查四大懸案的後續動作轉向漆慕堯，希望能揭開更多謎團。

承辦檢察官洪威華多次偵訊漆慕堯，但都得到漆慕堯否認涉案的供詞，後來漆慕堯被問得不耐煩，便請洪威華等人不要再找他問話，他說：「我沒做就是沒做！所以沒有什麼話好說！」

隔年初漆慕堯因涉吳東亮綁架勒贖案被槍斃，胡關寶所留下的四大懸案諸多謎團，檢警最後並沒有從漆慕堯的身上得到答案，也因胡關寶死前翻供漆慕堯未涉及四大懸案，最後的眞相究竟爲何，至今仍是個謎。

特別的是，台北市警局把四大懸案的嫌犯胡關寶、漆慕堯、彭光時等人，依強盜殺人、搶奪、竊盜、違反《槍砲條例》等罪嫌，正式移送台北地檢署偵辦，進一步說明其實四大懸案在警方內部已經算是偵破。而胡關寶等嫌因爲死亡獲檢方不起訴，共犯方繼威的眞實身分，檢方表示將繼續追查下去，四大懸案的偵辦工作走到最後，劃上的句點雖不完美，但也被認爲算是處理得很高段了。

侯友宜的勇氣與溫暖

勇敢無懼

面對像胡關寶這種狡詐又聰明的歹徒，侯友宜先是拚命將他擒獲，後用更高的智慧和細心，一步一步地攻破胡關寶的謊言，最後讓胡關寶認罪四大懸案，並顧及人倫之情，讓胡關寶可以跟父母告別，「霹靂手段、菩薩心腸」是刑警最高情懷！

2-4 殺警惡龍陳新發犯罪集團

一九九二年，是台灣治安惡化的年代，綽號「阿龍」的十大槍擊要犯陳新發，連續槍殺了胡榮裕、李富星兩名刑警，其犯罪集團的作案手法相當殘暴，不僅猖狂殺警，連民代、黑道老大、做生意商人及賣香腸小販都照殺不誤，一共犯下五十四起綁架殺人劫財案，作案地點橫跨七縣市，黑白兩道都對他下達格殺令，爲了將他繩之以法，警政署當時成立第一代「獵龍專案」，全力緝捕陳新發犯罪集團歸案。

警政署在治安史上，爲追捕十大槍擊要犯，一共成立過三次「獵龍專案」，分別爲了逮捕當時被列管的頭號要犯陳新發、詹龍欄、張錫銘，他們三要犯，擾亂了全台治安長達十三年，除了陳新發在數百警力圍捕下斃命，詹龍欄已於二〇二〇年九月假釋出獄，僅剩張錫銘目前仍在服刑中。

警政署的第一代獵龍專案，由刑事警察局、台北市警局、宜蘭縣警局等共組聯合專案，目的要將十大槍擊要犯之首的陳新發集團殲滅。而台北市警局的核心獵龍專案人員，是由北市刑大副大隊長侯友宜擔任召集人，率領偵四隊副隊長楊哲昌、刑警王侯爵及偵五隊刑警李富星組成。

綽號「阿龍」的陳新發，十七歲離開宜蘭到台北討生活，在台北市中山區民權西路大屯飯店當泊車小弟，那是全台第一家豔名遠播的脫衣酒店，經營者是一個叫做「林總」的大姐頭，由於是風月場所，不時就會有南北路老大前來捧場，這些複雜的因素，讓大屯飯店也成爲刑警布線的地方。

刑警李富星和陳新發都是宜蘭人，平時李富星對於小老鄉「阿龍」陳新發很照顧，也會接濟阿龍一些錢，協助他度過生活難關，彼時兩人的同鄉兄弟情，常令他人羨慕。

不過，陳新發在大屯飯店當泊車小弟，每天看著幫派老大上門消費，揮金如土，耳濡目染下，也立志要在道上闖出名號，退伍後回到宜蘭家鄉開始犯案。

陳新發先是強押一名美容院老闆，勒索五百萬元，對方拒絕後陳新發竟開槍將人打死，接著他和同夥持槍搶劫賭場，臨走前不僅開槍、還自報名號「我是陳新發」，又綁架了宜蘭議員，向家屬勒贖五千萬元，家屬後來付了兩千萬元，議員才獲釋，此後陳新發的「惡龍」名號，在黑白兩道不脛而走。

接連犯下殺人、綁架重案的陳新發，被警政署列爲十大槍擊要犯，當時的警政署長莊亨岱還下達格殺令，但陳新發根本不將警察放在眼裡，甚至因一名宜蘭警方人員對他緊追不捨，竟持槍強押對方到山區毆打，更企圖要將該名刑警活埋，最後在同夥勸阻下，陳新發脅迫刑警交出警槍、下跪後才放人。

陳新發集團從宜蘭轉至台北流竄犯案

後來，陳新發帶領同夥成員重返台北發展，第一個目標就找上老東家，恐嚇勒索五百萬元，並嗆聲：「不給錢就殺人！」犯案手法較以往更加狠毒無情。

陳新發重回台北後，早已不是當年那個純樸的年輕人了，他自認已是「大尾」，便故意到昔日工作的大屯飯店找碴，曾因玩骰子不開心，開槍射殺賣香腸的攤販，又嫌酒店服務不好，就槍殺兩名舞小姐，如此一來，「阿龍不爽就殺人」的凶殘名聲隨卽傳開。

不久，陳新發又綁架勒索萬華區重量級的角頭和幫派老大，並持突擊步槍洗劫北台灣多處賭場，讓陳新發從一尾惡龍升級變成了頭號槍擊要犯，警政署長莊亨岱獲報後相當震怒，二度下達格殺令，各大幫派也串聯，對陳新發發出了江湖追殺令。

歹毒的惡龍陳新發不但喜歡賭博，甚至一夜豪賭能輸掉千萬元，眉頭也不皺一下，隔天他就會率領同夥，持步槍搶劫黑幫老大經營的職業賭腸，把輸掉的錢奪回來，他把搶來的錢，除了用來向南部軍火商購買武器，壯大自己的組織外，還會帶著同夥到酒店尋歡作樂，由於出手闊綽，深受酒店小姐們歡迎，看見他就會喊「董仔」，陳新發也很享受這種被吹捧伺候的感覺。

當時大頭症嚴重的陳新發，對於黑白兩道的追殺令，完全不在意，尋歡跳舞時，還會嘲笑警方是「俗仔」，即使被警政署發布為十大槍擊要犯，陳新發仍肆無忌憚地與同夥常去酒店尋歡，還多次在酒店內，向小姐們炫耀自己身上的雙槍。

警方曾在店內看見囂張的陳新發耍槍，引得身旁的陪坐小姐笑得花枝亂顫，當時警方人員一度想一槍擊斃犯案累累、惡性重大的陳新發，但怕傷及無辜，只好按兵不動。

有次，警方人員覺得既然在酒店內不能捉陳新發，於是計畫在酒店外面埋伏重兵，準備待陳新發等人一步出酒店，立刻開槍緝捕，誰知陳新發等人離開時，都左擁右抱各自帶著小姐攬計程車分頭離去，爲免誤傷無辜民衆，警方最後仍只能作罷。

北市刑大刑警胡榮裕遭陳新發開槍射殺

一九九二年二月某日，副大隊長侯友宜接獲線報，陳新發等人晚上要到北市大直一處賭場，因此侯友宜帶著楊哲昌、王侯爵、李富星及北市霹靂小組幹員，中午就前往賭場布陣。

侯友宜等先是透過關係，要求周邊的賭場暫停歇業，只留下線報中陳新發要光顧的賭場，警方也派人扮演賭場內外工作人員，一切準備就緒完成後，就等待著陳新發現身。

或許是老天還沒到時間收他，當天下午，綽號「胡鐵花」的台北市刑大偵六隊刑警胡榮裕，在中山區一家茶藝館查探線索時，意外被陳新發發現，當時胡榮裕僅開口說：「我是北市刑大……」就遭陳新發開槍擊斃。

接獲噩耗的侯友宜等人當時全部驚愕不已，悲痛之餘，研判陳新發當晚不會出現，因此撤崗，改往胡榮裕被槍殺的現場勘查，如此一來，在大直賭場設下的「獵龍」行動也就被迫喊停。

陳新發再射殺北市刑大刑警李富星

一九九二年四月十日晚間六點多，當時台北市街頭正下著傾盆大雨，北市刑大副大隊長侯友宜打電話給刑警楊哲昌，說有線民在三十分鐘前看到陳新發出現在長春路上的首都飯店，要楊哲昌通知王侯爵、李富星前往現場，並說自己在大隊會議結束後，會立即趕去會合。

李富星和王侯爵各自開車抵達飯店附近時，王侯爵先在周遭進行查探，李富星則因行動電話響起，走到路邊講電話，不巧就被正在吃自助餐的陳新發看見；陳新發一聽見李富星的聲音，立刻放下筷子，拔出插在腰間的雙槍，兩手各持一把槍，發瘋般地衝出店外，直接對著正在講電話的李富星就開了一槍，李富星在中彈後，負傷往前跑了十多步後倒下。

陳新發眼見李富星倒地，追上前在李富星的頭部又補了兩槍，正要逃跑時，人在不遠處的王侯爵聽到槍聲，折回現場查看發生何事，剛好有一輛轎車行經，王侯爵、陳新發兩人就在車頭和車尾當街駁火，轎車內的車主當場嚇得棄車逃走，路過民眾見狀也人人自危，爭相走避。

王侯爵爲了阻止陳新發逃跑，打光了所有子彈，雖然陳新發左腿中槍，可是仍一跛一跛地攔下計程車逃逸。

傍晚台北市的雨淅瀝淅瀝地越下越大，合江街、長春路、建國北路一帶，彼時正進行捷運施工，到處都在塞車，當時還在找停車位的楊哲昌聽見「砰！砰！砰！」三聲槍響，也顧不得停車，馬上下車飛奔過去，而侯友宜正開車接近合江街現場，不巧被堵在車陣中，耳畔突然聽見槍聲，也立刻下車衝到現場。

王侯爵抱著中彈的李富星放聲大哭

先趕到現場的楊哲昌，看見王侯爵與陳新發已開槍駁火過，立刻緊張地問：「你還好嗎？」王侯爵答：「還好。」楊哲昌接著立刻又問：「李富星、人呢？」王侯爵則回說：「不知道。」

隨後兩人焦急地在合江街上，四處找尋李富星的行蹤，卻赫然驚見李富星中彈倒地，全身流血躺在路上，王侯爵立刻衝過去抱起他，痛哭失聲。

侯友宜趕抵時，台北的天空仍下著大雨，他眼前的畫面是中槍的李富星渾身鮮血、腦漿溢出，在雨中被坐在地上、悲慟哭泣的王侯爵抱著。

當時侯友宜和楊哲昌見狀都上前蹲下，放聲大喊著李富星的名字，叫他千萬不要睡著，彼時李富星還有一些微弱氣息，半睜著眼望向王侯爵、楊哲昌、侯友宜，似乎好像有什麼話要說，但終究……沒能說出口。

路人見警察中彈受傷，高喊：「加油！撐住！」

王侯爵看著李富星昏迷了過去，立即對路過的行人大喊：「我們是警察，快點幫忙叫救護車！」民眾聽聞有警察中槍，趕緊報案協助叫救護車，而有更多民眾在雨中也紛紛靠過來，替重傷彌留的李富星撐傘，同時也對李富星大聲高喊：「加油！撐住！」

王侯爵的衣服上當時沾滿了李富星的鮮血，他悲憤交加、不停地顫抖，侯友宜於是帶著他先離開現場，前往附近的派出所，侯友宜先安撫王侯爵的情緒，同時也讓他換下身上染血的上衣。

王侯爵用顫抖的語氣，告訴侯友宜事情發生的經過，侯友宜關切地問他：「李富星爲什麼會落單？究竟發生了什麼事？」還問及王侯爵跟陳新發相互開槍的情況。

王侯爵則回答，自己應該有開槍打中對方，但當時下大雨，沒有看清楚，不過，他看到和他發生槍戰的人，走路一拐一拐的，應該是有中彈。

而楊哲昌則在現場等候支援警力趕抵，準備將現場交由轄區中山分局處理，雖然對方說：「報告長官，我們接到通報，三分鐘內就趕到！」但這一天的三分鐘，平時短短的三分鐘，對於楊哲昌來講，卻猶如度日如年般地很漫長、很漫長……

在與中山區警方交接後，楊哲昌也趕到派出所，和侯、王會和，王侯爵邊哭邊描述，他和李富星接到通知後，就各自駕車趕到首都飯店，「我停好車，就先下車到飯店周邊查看。」當時李富星告知他在找停車位，之後就一直講電話。

王侯爵表示，彼時他突然聽見「砰！砰！砰！」槍聲，驚覺不對勁，馬上趕過去，剛好眼前有一輛轎車經過，豈知車旁一名持槍男子，一看見他就開槍。王侯爵說，當下他立刻開槍反擊，兩人就隔著轎車開槍駁火。最後他子彈打完了，看見對方跛行走到路邊，攔了一部計程車逃逸。

王侯爵表示，等到回到現場找尋，就看到李富星中彈倒在地上，才知道剛剛和自己發生槍戰的人，應該就是陳新發。遺憾的是，在事發一個多小時後，傳來了李富星送醫後傷重不治的噩耗，派出所內的警方人員聞訊都不發一語，警所內滿是沉重悲傷的氛圍。

李富星當天如果沒回電，結局可能會不一樣……

回到事發前，侯友宜接獲線民指稱：「三十分鐘前，看見陳新發出現在首都飯店前，不過，現在已經離開了。」當時侯友宜正在大隊開會，要楊哲昌、王侯爵、李富星先過去找線民，等他開完會後，就立刻趕去會合。

當時楊哲昌去電王侯爵告知情況，王侯爵聽後表示會馬上趕到首都飯店，楊哲昌又交代：「侯副大說等他到時再一起處理。」

楊哲昌接著要打電話通知李富星，李富星卻一直在通話中無法接通，他隨即向侯友宜報告，侯友宜說：「沒關係，只是要接觸線民，沒連絡到李富星，我們（指侯友宜、楊哲昌、王侯爵）三個人過去就可以了。」

後來，王侯爵打給楊哲昌說：「李富星回電了，我有告訴他首都飯店線民的事。」當時李富星回說，他會趕過去集合。

原本警方只是要到首都飯店附近找線民，怎知卻那麼不巧，陳新發一離開首都飯店，只是去附近的自助餐店吃飯，而線民和侯友宜、楊哲昌、王侯爵、李富星等人，都不知道他到那用餐的事。

李富星抵達首都飯店附近，就下車站在路邊講電話，可能是講話聲音太大，被在自助餐店內用餐的陳新發聽見，陳新發立即衝出店外，持雙槍不由分說便射殺了李富星。而陳新發見舊識李富星中槍倒地，竟然不念舊情，向前再補兩槍，完全就是不想讓李富星有活命的機會，最後搶救無效殉職。

世事難料，如果李富星當天沒接到電話，也沒回王侯爵，他可能會晚一步到現場，甚至不知道要集合，也許他就不會死。可是，偏偏李富星是使命必達的刑警，所以，他回了電，也就沒逃過死劫！

運將誤載陳新發，衝進派出所緊張報警！

而那名載了陳新發離開的計程車司機，事發後衝進派出所報案，他指出，剛剛在合江街上，遭一名男子持槍挾持載客，「上車那個男的左腿受傷，還打了一通電話，跟對方說『我殺了他！』。」待計程車開到國父紀念館附近時，男子便大喊：「我要下車！」

警方隨即拿出陳新發的照片，請司機過目，司機一看便驚恐地說：「是他！沒錯！」此時，侯友宜確定，王侯爵開槍打中了陳新發左腿。

侯友宜立刻在派出所開起「獵龍專案」會議，重新討論吳興街、八德路、南京東路等多個可能抓到陳新發的地點，誓死要查出惡龍的藏匿之處，替殉職的兩位刑警胡榮裕和李富星報仇。

台北市警局下通報給所屬各分局，追查轄內醫院、診所是否有人詢問或是去看槍傷的消息。

不久，有分局回報稱，有一名男子曾去電台北醫學院（今台北醫學大學附設醫院），詢問槍傷治療的方式，侯友宜一聽到「北醫」這兩個字，馬上想到北醫就在吳興街，而陳新發同夥張耀天的女友，當時就在信義區吳興街租屋。

侯友宜研判，陳新發及同夥張耀天、陳根龍等人，應該就藏匿在吳興街，於是派出大批荷槍實彈的警方人員，立卽前往吳興街，一場台灣治安史上最慘烈的警匪槍戰，隨卽開戰！

侯友宜誓報殺兄弟李富星、胡榮裕之仇！

「獵龍專案」核心成員李富星殉職的那晚，台北市刑大濃罩在低氣壓中，這是北市刑大爲追捕陳新發所殉職的第二名優秀刑警，兩個月前，是胡榮裕。副大隊長侯友宜彼時從遭挾持的計程車司機口中，確定了王侯爵開槍時有打中陳新發左腿，此外，也確定陳新發等人藏身在信義區吳興街公寓。

侯友宜雖經研判得到陳新發等人藏身的位置，但在那一條巷弄裡，巷內兩側都有整排的公寓，陳新發究竟是躲在哪間公寓裡，讓侯友宜很傷腦筋。

爲免打草驚蛇，侯友宜要參加這次「獵龍」行動的警方人員，先到轄區信義分局待命，等候他進一步查探正確位置後，再展開圍捕惡龍的行動。

一九九二年四月十一日凌晨時分，侯友宜帶著兩名便衣霹靂小組人員，摸黑進入吳興街巷弄勘查地形、地物，想更精準地確認惡龍藏身的公寓單位。侯友宜當時走在前面，兩名霹靂小組人員在兩旁緊盯周遭狀況，只要一有突發狀況發生，霹靂小組就會立刻排除，所以他們始終保持高度警戒。

侯友宜等人看著巷內兩排的六層樓公寓，走著走著，竟然跟陳新發小弟陳根龍擦身而過，眼尖的侯友宜立刻認出對方，而當時陳根龍快步行走，根本沒注意到其他往來的人。

陳根龍打開一棟公寓的大門，然後走進了裡面，侯友宜等人在公寓樓下守候，看著陳根龍進屋後，沒多久一間原本漆黑的住宅，電燈就亮了起來，把這一切看在眼裡的侯友宜，馬上用無線電通知在信義分局待命的部隊，往陳新發藏身的公寓前進。

當時侯友宜也沒閒著，立即跟兩名霹靂小組幹員查看公寓周邊情況，發現目標公寓有三面窗戶，是制高點攻擊的有利地點。

侯友宜仔細地勘察現場，而爲了進行攻堅時，不要波及其他住戶，先悄悄地疏散同棟住戶，同時商借一樓作爲現場指揮所，並查看公寓住戶內部裝潢，警方這次十足愼重的部署，就是要讓陳新發及其同夥插翅難飛。

兩個月前八德路圍捕失敗，惡龍揚言弒警！

警方在吳興街布下天羅地網，滴水不漏，誓言要成功「獵龍」，是因爲兩個月前，胡榮裕遭陳新發槍殺後，大批警方人員在八德路某大廈包圍陳新發時，由於勘查地形不夠詳細，不知陳新發藏身的大廈，和隔壁大廈地下停車場是互通的。

警方在中午部署人馬，設下重重防備，但到了傍晚仍在等待時機行動，就在這陰錯陽差之間，陳新發脫逃了……卻也種下李富星被殺之因。

陳新發犯罪集團可能藏身在八德路大廈的消息，當年經電視媒體大肆報導，警方在八德路布下重兵要逮陳新發的快訊，完全曝光在觀衆眼前，想當然耳，陳新發自然也看到了這個新聞，當時他還發現被他尊稱「大哥」，過去很照顧他的李富星，竟然也出現在要抓他的警察隊伍中，頓時火冒三丈。

而陳新發在八德路的警方包圍中脫逃，此後心中便埋下了對李富星強烈恨意，原本就有人跟他說李富星要捉他，但陳新發都是半信半疑，這次他看到電視報導後，確定外面的傳言是眞的。

在那次逃脫之後，陳新發就放話要殺李富星，爲此侯友宜下令，要楊哲昌、王侯爵每天下班後，負責保護李富星回家。市警局更是核准「獵龍專案」核心人員侯友宜、楊哲昌、王侯爵、李富星，二十四小時帶槍，以防護自身的安全。

這段期間，楊哲昌、王侯爵徹底執行護送李富星下班回家的指令，天天如此，讓李富星一度跟楊哲昌抱怨：「我可以保護自己的安全，你們能不能不要每天下班，都護送我回家。」

不過，楊哲昌並沒有同意，表示這是「侯副大」的命令，他們必須落實執行，聽到這個答案，李富星也沒轍，只好讓楊哲昌、王侯爵下班後繼續送他回家，但遺憾的是，李富星最後仍是在路上遭陳新發開槍射殺斃命。

一般人可能無法理解刑警之間的革命情感，由於工作的型態，刑警平時只要上班，幾乎二十四小時，同一小隊的成員都會綁在一塊。如果有人要去哪裡、或去辦案，同小隊的隊友，也會跟著一起去。

尤其在執行專案任務時，幾乎可以說吃喝拉撒睡，大家全都在一起，可謂「同隊一命」，因此相處的時間，往往比和父母、兒女等家人還要多。有時候刑警忙起來，可能一天都見不到老婆和小孩，但是卻與同小隊的隊友們，二十四個小時都待在一起。

所以在追捕槍擊要犯時，自己同隊的弟兄，就會彼此保護，「有多少刑警兄弟出門，就要原班人馬回來」，是帶隊官最常掛在嘴上、也最重要的一件事。

還有在追捕要犯時，刑警常會邊追邊開槍，因此互相掩護、或是彼此支援，以保護隊友的生命安全，對他們而言更是重要。簡單來說，同隊的刑警就是生命共同體，「生一起生，絕不讓匪徒傷害自己同行隊友」，這種生死與共的兄弟情義，堪比親生手足之情，是刑警守則中非常重要的一件事。

李富星曾苦勸投案，陳新發回：「我回不去了！」

對於同樣來自宜蘭的陳新發，李富星生前曾多次勸導他去投案，苦口婆心地告誡：「法網恢恢、疏而不漏！」但是陳新發總是佯稱：「我回不去了！」犯罪手法也更加殘暴。

李富星、陳新發雖然是同鄉，但一個是警察、一個是逃犯，身爲刑警的李富星，天職就是鏟惡鋤奸，對比之下，李富星是除暴安良的英雄，而陳新發則是壞事做盡的惡徒，這也注定了他們兩人不同的命運。

有鑑於當初在八德路「獵龍」時的失敗經驗，侯友宜在吳興街一役，他預先前往第一現場仔細勘查地形，就是爲了預防任何攻堅細節出錯，更不能讓共同「獵龍」的警察弟兄，再有人傷亡。

在當時，侯友宜已經失去每天朝夕相處的弟兄李富星、胡榮裕，他悲痛的心情，自然是無法形容的，所以，他親自勘查吳興街攻堅第一現場，還有部署攻堅警力時，都非常周延愼重，這次連可能讓陳新發等人逃脫的路口、狀況等變數，都做了充分的推演與評估。

侯友宜領軍獵捕陳新發，治安史上最激烈警匪槍戰開戰！

一九九二年四月十一日，北市刑大刑警李富星殉職隔天的凌晨五時許，侯友宜率領兩百餘名霹靂小組及刑大、分局等幹員，將殺警的惡龍陳新發所藏身的吳興街公寓團團包圍住，彼時的現場充滿了緊張肅殺的氣氛。

陳新發在左小腿中彈受傷後，便逃回了吳興街公寓六樓藏身處，因爲之前他在合江街滂沱大雨中，開槍射殺了對自己非常照顧的同鄉大哥李富星後，情緒深感衝突，甚至崩潰失控。

受傷困在藏匿處的陳新發，當時看到電視上，正在播放李富星殉職的新聞，竟然邊看邊罵、接著大吼大叫，與他同在屋內的同夥張耀天、陳根龍，看見陳新發的反常，都沉默不語。

對於警方埋伏包圍在外，陳新發等人當時發現樓下有聲音，直覺認爲可能是警察，陳新發當場拿起雙槍，直接就先對著門外一陣掃射。現場的指揮官侯友宜大喊要陳新發放下武器，出面投降，但陳新發以開槍回覆，侯友宜隨卽下令還擊，台灣治安史上最猛烈的警匪槍戰，就此開戰！

制高點的狙擊手，分別以三人一組，對準陳新發六樓公寓的三扇窗戶，採取一警開三槍後、便退到後面，由另一警補位、繼續開三槍的方式射擊屋內，再往內丟擲震撼彈，目的是要逼出陳新發等人，並消耗陳新發的槍彈。

做困獸之鬥的陳新發，卻寧願死守在屋內，並在屋裡大聲吼叫，向屋外警方嗆聲：「有膽進來拚輸贏！」當時陳新發只敢向警方叫陣，任憑侯友宜等人在外喊話，要他棄械投降，但陳新發不出來就是不出來。

警方隨後派出正面攻堅部隊，利用盾牌掩護，從公寓樓梯一樓一樓向上挺進，準備以破門強攻進入屋內，陳新發當時聽見門外有人，先是對門開槍射擊，接著大聲對門外的警方怒嗆：「來一個殺一個！」

面對這樣的狀況，刑大偵四隊副隊長楊哲昌在門外，向陳新發喊話：「阿龍，放下武器，出來面對！」陳新發則回話：「我出來還是死！」楊哲昌又喊：「阿龍！你出來！不會對你開槍。」

陳新發繼續回嗆：「好膽！你進來拚輸贏！」楊哲昌聽完說：「我又不是宵仔，我家裡有老婆、小孩，你出來！」陳新發仍不斷對楊哲昌吼叫，並朝屋外警方人員瘋狂掃射。

女子驚嚇大喊「救命」，警匪暫停火

就在此時，突然間屋內傳出女子受驚嚇的哭聲，人聲喊叫著：「救命呀！」侯友宜不解地問：「阿龍，怎麼有女人的哭聲？」陳新發回說：「她是無辜的人。」侯友宜隨卽表示：「既然是無辜的人，你讓她先出來！」

侯友宜於是下令不要開槍，並叫屋內的女子雙手高舉爬出到屋外，警方不想給陳新發有任何搞怪的機會。

隨卽一名表情驚恐的女子，一邊哭喊著：「不要開槍、不要開槍！」一邊高舉著雙手，戰戰兢兢地爬出門外，警方人員接到她後，馬上保護她下樓、離開現場，並帶往鄰近派出所進行調查，以了解陳新發等人在屋內的情況，後來才知道，該名女子是共犯陳根龍的女友。

當時雙方停火才一分鐘，接著陳新發再度開槍攻擊警方人員。彼時霹靂小組幹員利用盾牌挺進屋內，而陳新發三人則躲在屋內最後一個房間，警方繼續喊話要他們棄械投降，但陳新發不理會，雙方仍持續不斷駁火，據悉陳新發等人使用的是MAC11衝鋒槍、M16突擊步槍，火力相當強大。

孰料後來陳新發竟丟出了手榴彈，警方也以震撼彈還擊，但突然的一聲轟隆巨響，現場頓時瀰漫濃煙、冒出紅色火焰，警方見起火燃燒，馬上後退回公寓大門外。

警方立刻通知消防隊派員滅火，疏散附近居民，信義分局派員在現場拉起封鎖線，交警也在現場指揮交通，維持附近巷道交通順暢。

據了解，當時的槍戰警方一共射擊了兩千多發子彈，幾乎打光信義分局的彈藥庫存；而最後的爆炸，是陳新發向警方丟擲手榴彈時，可能碰到了瓦斯管線，所引發的大爆炸，最後，陳新發與共犯等三人葬身火窟，在烈焰中變成了焦屍。

電影將「殺警惡徒」美化爲「狀元」，警方無法接受！

一九九三年，一部以槍擊要犯陳新發生平所改編的電影《十大槍擊要犯之殺生狀元》上映，片中情節不僅美化了作惡多端的陳新發，還用「狀元」來稱呼他，引發衆警忿忿不平，當時獵龍的指揮官侯友宜，對於用狀元來稱呼陳新發很不以爲然，侯友宜強調：「陳新發是殺警惡徒！」

或許是陳新發手持雙槍、命喪火窟的結局太過戲劇化，因此才有電影公司把陳新發的生平，拍成了電影。不過，狀元是科舉考試中的第一名，也是最高榮譽。電影將壞事做盡、槍殺了兩名刑警的惡徒，用狀元來形容，讓所有的被害人及家屬情何以堪。

當年警方在吳興街攻堅惡龍窩行動結束後，台北市的天空仍下著雨，侯友宜、楊哲昌及王侯爵等獵龍專案人員，立刻趕往第一殯儀館探視殉職的李富星。小小的簡易靈堂，桌上放著李富星的牌位，他的妻子早已哭到肝腸寸斷、無法站立，在場人等聞之皆悲慟至深。

按警界慣例，李富星是北市刑大偵五隊刑警，他的身後事，由偵五隊長何明洲、副隊長許榮春率偵五隊人員協助家屬處理。

何明洲等人拿香祭拜好哥兒們李富星時，一旁刑警們也都傷感落淚，想到幾個月前，才一起出生入死破獲胡關寶犯罪集團，如今，李富星卻被陳新發槍殺殉職，以後再也無法一起辦案，只要一想到這裡，偵五隊刑警們就不禁悲從中來。

侯友宜靈堂祭李富星遇襲

正當大夥哀戚難當時，突然有人在靈堂外大喊嗆聲：「侯友宜出來！」侯友宜隨即步出靈堂看來者何人，楊哲昌、許榮春及偵五隊刑警也跟隨在旁。不料，侯友宜才走出來便遭數人攻擊，偵五隊刑警見狀立刻衝上前，將打人的男子們逮捕，並通知轄區中山分局前來處理。

經查出拳毆打「侯副大」的人，是陳新發等三嫌的親友，他們不滿侯友宜下令開槍、丟震撼彈，害陳新發三人葬身火窟，而五隊刑警聽到陳新發親友不辨是非、胡亂栽贓的這些指控，都感到氣憤莫名。

在場的許榮春等刑警，便叫他們去看看靈堂裡的李富星家屬，表示幹盡壞事的陳新發先槍殺胡榮裕，又開槍打死李富星，警察逮捕他們理所當然哪裡錯了，胡榮裕和李富星兩位刑警的家屬何其無辜，當場讓毆打侯友宜的人低頭不語。

楊哲昌也告訴對方，侯友宜在現場，有一直喊話，叫阿龍他們出來面對法律，「是阿龍他們自己不願意出來，還用步槍、衝鋒槍掃射，用手榴彈攻擊警方，才會引起大爆炸，起火燃燒。」事後警方原本要法辦動手打人的男子，不過，因體會家屬心情，最後並無究責那些人。

陳新發等三嫌死後，在那個DNA還不盛行的年代，因三人中彈後燒死在房間裡，已燒成焦屍，面目全非難以辨認，因此，警方請名法醫楊日松前來協助相驗，並用血型來辨別焦屍身分。

警方在火場鑑定時發現，屋內床上躺了一個人，胸部中一槍，研判應該是張耀天，另在屋裡地上躺了兩個人，太陽穴都各中一槍，其中一名到死都緊握雙槍的，應該是陳新發，另一人則是陳根龍。檢察官相驗後，警方將其移往第一殯儀館。

之後，外界竟還流傳出，陳新發其實並未被警方打死，警政署長莊亨岱為釐清外界質疑，開放現場給媒體拍攝，新聞中可以看見現場彈痕累累，屋內全是被火燒毀的一片焦黑，火警現場曝光後，才消除了外界各種荒誕的揣測。

想一想，陳新發從宜蘭來到台北打拚，如果願意老老實實、腳踏實地做事，而不是投入黑道江湖，貪圖一夜致富，拿著槍四處做案，犯下殺人、綁架勒贖、強盜劫財等罪，還連續槍殺兩名刑警，也不會走到最後烈焰灼身、慘死火窟的下場。

侯友宜的勇氣與溫暖

勇敢無懼

侯友宜領軍戰第一代「獵龍專案」主嫌陳新發，尚未成功就折損北市刑大兩名刑警李富星、胡榮裕，每天都會哈拉打屁的兄弟，就這樣因爲追捕惡龍陳新發壯志爲籌先殉職，侯友宜內心的悲痛，是難以形容。爲不讓兄弟再有死傷，他夜探賊窟，再將陳新發剿滅，爲兄弟報了仇。兄弟之情，不是「刑警人」是很難懂的！

2-5

出征千島湖

侯友宜的辦案名言一：「除非不出手，一出手就要抓到人。」

侯友宜的辦案名言二：「你越怕，越容易失手，情況越危險，越要篤定。」

對於破案常勝軍的侯友宜來說，跟隨海基會跨海到大陸浙江省杭州偵辦「千島湖事件」，不僅是他從警生涯中最艱鉅的任務，也是他在警界所締造的一項紀錄。

侯友宜和中共公安官員對招時，一針見血，頻讓對手招架不住，他更勇於戳破「公然說謊」的中共公安官員，雖然揭露了眞相，不過看起來很不給面子，對方當場陷於難堪，當時旁人看了都不禁為他捏一把冷汗。

侯友宜的「帶種」行為，的確讓對岸海協會的中共官員，見識到台灣刑事警官的專業和膽識，也因為在「千島湖一役」中大膽的搏命演出，一時之間，侯友宜成為兩岸三地的焦點人物。

侯友宜從杭州出征返台後，對自己初次在大陸辦案的成績，感到相當不滿，尤其是，他無法幫罹難者家屬找出親人慘死的眞相，為此他更是耿耿於懷。此後，侯友宜一直都很關切千島湖案的後續發展。

一九九四年七月底、八月初，千島湖事件大陸辦案專家發言人、公安部刑偵局反恐怖處長何挺，以海協會協商專家身分出席第二次在台北舉行的「焦唐會談」，侯友宜私下宴請何挺時，仍頻頻追問千島湖案眞相的辦案態度，令何挺印象深刻。

當然可以預料到的是，何挺也不是省油的燈，侯友宜的「酒計」並未成功，在那一場款待何挺的宴席中，探不到千島湖案的眞相，不過，卻爲海峽兩岸共同打擊犯罪跨出了合作的一大步。

侯友宜以「專家顧問」身分到千島湖「求眞辦案」

一九九四年三月三十一日，台灣旅客在大陸浙江省淳安縣遊千島湖時，遭到疑有武警在內的大陸人民，持槍放火燒船劫財，造成三十二人慘死，其中搭乘出事遊船「海瑞號」的二十四名台灣旅客，不幸全部罹難，這起重大意外就是震驚世界的「千島湖事件」。

案發一個月後，在輿論強大的壓力下，海基會不得不組一個包括法律、法醫、火場鑑識、刑事專業專家在內的調查團，前往發生火燒船的千島湖一探究竟。侯友宜和翁景惠兩名現職高階警官，也受聘參加這次海基會的杭州、千島湖「求眞之旅」。

在國內只要發生重大刑案，幾乎都會參與偵辦工作的侯友宜，對於這次奉命前往大陸杭州偵辦千島湖慘案，相當淸楚這次跟過去他所偵辦過的重大刑案不同，政治意味大於實質意義，但侯友宜仍然義無反顧地投身參與。

因爲侯友宜知道，目前兩岸合作打擊罪犯有迫切性，但礙於兩岸的政治環境，一直無法做到「政治的歸政治，治安的歸治安」。所以，侯友宜殷切盼望能藉此機會，打破兩岸治安人員互不接觸四十餘年的藩籬，建立起未來雙方合作打擊犯罪的溝通橋梁。

起初，刑事局長王郡在指派偵二隊長侯友宜，到大陸杭州偵辦千島湖慘案時，一度怕會觸及侯友宜喪失愛子的傷痛，當侯友宜知道局長有此顧忌時，立刻向局長表明，他很願意爲千島湖火燒船中罹難的同胞盡分心力，剎那間，王郡理解了侯友宜的心情，那是複雜的。

侯友宜最鍾愛的兒子侯乃維，兩年前喪生於健康幼稚園火燒車事件，如今他奉派前往大陸協助調查案情，找尋二十四名台胞在「海瑞號」火燒船事件罹難的眞相，對侯友宜個人來講，自也有其難以言喻的意義，王郡相信侯友宜定會全力以赴。

出發前蒐集案情資料，找到關鍵證據！

爲到杭州實地了解「千島湖事件」案情，侯友宜出發之前，和另名夥伴翁景惠都花了相當多的時間去蒐集相關資料，訪問遇害者家屬，及案發前後赴千島湖遊覽的台灣旅客，作爲研判案情的根據。

皇天不負苦心人，終讓侯友宜找到四張極具價值性和震撼力的現場照片，發現大陸方面不僅兩度燒船企圖湮滅證據，還有人上船搬走物品，爲求愼重，侯友宜特別請翁景惠以科學儀器放大檢視照片證據。

經由科學鑑識，確定照片中的三艘船，位於中央的那艘的確爲「海瑞號」，而照片旁的時間爲「94.4.1. 6:30 AM」，根據案發隔天前去遊覽拍下照片的台灣觀光客表示，當時並沒看見火苗，只見到縷縷薄煙，伴隨的一艘是拖船，另一艘則是大型遊船。

此外，侯友宜還找到三名目擊者，說他們親眼目睹，當時拖船上有兩個人，攀上「海瑞號」甲板搬運物品回拖船，由於視線有限，沒能看清楚那兩人究竟搬了什麼東西。

那時，伴隨「海瑞號」的另一艘遊船，駛近目擊者搭乘載有台灣觀光客的遊船，除了告知「海瑞號」出事之外，並要求這艘遊船能載他們的兩名船員就近前往附近島嶼報案。

這艘擬往「深度碼頭」的遊船，便載了這兩名船員又航行了二十分鐘，駛抵附近島嶼時，大約是上午七時四十分至八時左右。侯友宜發現，台灣旅客所說的報案時間，和大陸方面告知海基會的報案時間不同，深覺內情不單純。

有此重大發現後，侯友宜立刻跟局長王郡報告，也向「千島湖事件」調查團的團長、海基會副祕書長許惠佑報告，隨即奉命將資料照片仔細地收藏好，而照片之後也成了海基會揭穿大陸辦案專家謊言的祕密武器。

台灣代表團抵達杭州「會診」案情

由海基會副祕書長許惠佑帶隊的「千島湖事件」調查團，是在同年五月八日由台北出發，經香港到大陸浙江杭州，預定十四日返台。其中除了聽取大陸專家說明「千島湖事件」的案情，並計畫採訪涉案的被告及大陸罹難者的家屬，還有就是重返出事的「海瑞號」現場勘察。

大陸方面負責偵辦「千島湖事件」的公安，與海基會所延聘的高階刑事警官，將於海基會代表團在杭州了解案情期間，公開進行面對面的直接接觸，討論千島湖案的相關疑點。由於這是兩岸治安官員，首度參與兩岸民間中介機構的商談活動，使得此行更受到矚目。

海基會雖將千島湖之行任務盡量單純化，並定位爲「了解案情、追究責任、要求道歉、進行索賠」，但也因侯友宜和翁景惠兩名現職高階警官，以專家顧問身分，隨海基會官員到大陸杭州「辦案」，帶有台灣治安人員在大陸進行「準司法調查」行爲的另一層意味，因此備受注意。

到杭州了解「千島湖事件」案情的海基會代表團，一行二十二人，在五月八日下午兩點半左右抵達杭州筧橋機場，準備和大陸辦案專家一起「會診」千島湖案情。

浙江省台辦副主任裘明發、大陸海協會綜合部副主任周寧、及祕書部副主任喬鋒等人，當時在機場接機，台灣「千島湖事件」代表團長、海基會副祕書長許惠佑在機場，也堅定地表達海基會要求大陸方面必須坦誠公布案情，並充分配合讓海基會眞切了解案情，否則將會傷害兩岸的互信和感情。

許惠佑也承認，就實際了解案情的時機而言，他們在「千島湖事件」發生後一個月，才協同刑事局刑事專家侯友宜等人前來，可能已稍微晚了一點，但仍希望在海協會的協助下，還是可以獲得眞相。

從下機通關到住進杭州香格里拉飯店期間，刑事局派到大陸調查案情的兩大高手鑑識科長翁景惠和偵二隊長侯友宜，因爲是現職的高階警官，身分特殊，又是台灣第一批到大陸辦案的治安人員，所以一直是台、港、大陸三方媒體追逐的焦點。

第一次赴大陸公幹的侯友宜與翁景惠，這兩位海基會的專家顧問，對於兩岸三地的記者圍著他們問話時，均不時微笑以對，不然就是對記者說：「請你們去問我們的團長（指海基會副祕書長許惠佑）。」堅守著分寸。

海協會拒絕「見涉案被告、看解剖書」

不過，許惠佑和侯友宜、翁景惠等人一抵達杭州就接到壞消息，海協會告訴許惠佑等人，將拒絕安排海基會專家會見涉案被告的要求，並以不合規定爲由，拒絕提供解剖報告書，對於這兩項要求遭到中共方面打回票，彼時許惠佑表示，不會放棄爭取，將繼續跟海協會溝通。

中共方面雖不提供羅難者解剖報告書給海基會的專家，但答應會以口頭方式說明解剖檢驗的結果，看不到相關的書面資料，僅能聽大陸辦案專家分析解剖的結果，這讓侯友宜、方中民等海基會專家，都感到相當失望。

面對大陸官方誠意十足，但行事過於保守的作風，肩負著國人殷切期盼的侯友宜和翁景惠兩名現職高階警官，在與其他專家共進晚餐時承認，此行是他們獻身治安工作以來，最具挑戰性的任務之一。

侯友宜更表示，除了靜態的文件、物證之外，期盼能有機會和三名在押凶嫌會面，畢竟任何犯罪的偵辦，不能單純依據犯罪嫌疑人的自白、供詞，必須交相比對他們的說法，與現場勘驗的眞實結果，可惜遭到對方拒絕了。

侯友宜說，雖然千島湖事件造成兩岸關係諸多負面影響，但站在偵查犯罪的立場，自己並不會預設立場、心存成見，完全會依必要程序逐步來做，這樣才算客觀，不能和涉案被告會面，勢必會影響眞相的調查，很令人遺憾。

當時任憑許惠佑和海協會方面溝通、協調，大陸方面就是不答應讓海基會專家與三名嫌犯見面，使得海基會專家侯友宜等人質詢大陸辦案專家的部分，對於海基會調查團此行的「求眞之旅」更顯重要。

侯友宜與中共公安專家的歷史性對陣

一九九四年五月九日，在杭州西湖畔的西子賓館，兩岸執法人員針對「千島湖事件」案情，展開歷史性的對談。

中共方面由公安部刑偵局反恐怖處長何挺領軍，親率一支九人辦案小組，向我方刑事局偵二隊長侯友宜等人進行案情解說，這是兩岸分隔四十多年來，雙方治安人員首度交鋒，極具政治意義。

兩位專家上午一見面，先由海協會公安專家出場，以簡報、蒐證錄影帶、幻燈片及口頭報告方式，向海基會代表團說明偵破千島湖慘案的經過，最後還不忘暗諷，海基會怎會拖到今天才帶專家來了解案情。

現場海協會的公安專家信心十足地表明，這一起特大搶劫殺人放火的刑事案件，只有三名嫌犯、一名窩藏犯，而且全案的偵破事證確鑿，百分之百沒有疑點。

在海協會公安專家所播放的千島湖蒐證錄影帶中，海基會專家侯友宜、翁景惠看到中共公安單位人員在「海瑞號」現場，未戴手套就進行現場勘驗，感到很訝異，不禁聯想到現場恐怕留有許多中共公安自己的指紋。

許惠佑對於錄影帶中，中共公安人員所做的現場勘驗情形，以「人馬雜沓」形容。大陸媒體記者則是一直圍著許惠佑詢問：「你滿不滿意？」海協會公安專家也跟大陸媒體記者一樣，問著相同的話。

海基會方面則以眞相如何，必須等海基會的專家去命案現場實地了解後，才能提出評論的理由，不願對大陸媒體的詢問做出回答，簡單來說，海基會對於「大陸版千島湖案情」持保留態度。

但由於海協會所播放的名爲「三三一千島湖案善後及偵破紀要」的蒐證錄影帶與幻燈片，看起來就像是宣傳樣板短片，讓那些和海基會專家調查團一起出席的罹難者家屬代表相當不滿，在現場就表示抗議。

下午則由海基會的專家，輪流提出問題向海協會公安專家請教，侯友宜、翁景惠、許文彬、姜志俊、方中民和施多喜六名海基會專家，總共提出了兩百多個問題，和海協會公安專家何挺和杭州刑偵局支隊長李曙光等人，展開脣槍舌戰的一問一答。

當時海基會顧問侯友宜才開始詢問：「到現場搜索有無帶同嫌犯？『海瑞號』幾點幾分被發現？幾點幾分報案？幾點幾分被拖離黃泥嶺？」侯友宜把在台灣問案的方法也搬到杭州，問題犀利直搗核心、鉅細靡遺，令接招的何挺和李曙光臉色尷尬，隨卽以偵查祕密或與案情無關而未回答。

侯友宜又繼續就凶嫌作案和起贓等細節，詢問了海協會公安專家，現場侯友宜的許多問題，都把對方問倒了，讓對方有種「被偵訊」的感覺，而不願意回答，兩邊氣氛也開始有些緊張，不過，侯友宜一點也沒有要放鬆的意思。

他繼續追問：「嫌犯之一的吳黎宏，任職杭州武警支隊的哥哥吳黎明是否事先知情？羅難家屬不在場，誰有權解剖屍體？家屬四月四日就到，爲什麼不等家屬來？」侯友宜再次提出了一連串的爲什麼，後來弄得負責回答問題的海協會公安專家只好宣布散會，免得大家變臉難看。

海峽兩岸治安人員四十多年來的第一次面對面，雙方商討刑事案件的案情，就在我方刑事局偵二隊長侯友宜頻頻出招，大陸公安部刑偵局反恐怖處長何挺的勉強接招下，在不算和諧的氣氛中，結束了第一回合的交手。

前往千島湖勘視「海瑞號」

其實，大陸方面是不太願意海基會一行前往千島湖。他們認爲，嫌犯既然已經逮捕，證據也算充足，案發經過和破案情況都已向海基會解說清楚，海基會是不需要堅持前往現場的。

但海協會又爲了避免太多的拒絕，搞壞這次兩岸會面的氣氛，造成美國等外國媒體不利於大陸方面的報導，所以最後仍同意派員會同海基會前往現場，並答應海基會的要求，提供「海瑞號」的船體結構圖。

海基會專家團十日上午八點三十分，在海協會專家團陪同下，從杭州驅車，趕往兩百二十公里外的淳安千島湖鎮，並準備在十一日上午前往淳安船廠，勘視「海瑞號」，以進一步比對千島湖慘案的案發狀況。

海基會專家團特別商請海協會協助安排，同樣要走罹難者到千島湖遊船的同一路線，重循命案路線，展開實地「求眞之旅」，除可了解台灣旅客遇害的情形外，另也有藉機找尋其他線索的用意。

大致上，中共方面對海基會一行是相當禮遇的，不但有警車前導，交警指揮交通，連一向出沒於西湖畔的「野雞」，事先都受到公安警告，不准於海基會人員和外界媒體在杭期間出面拉客，以免丟人現眼。

海基會代表團領隊許惠佑，在抵達淳安下榻的「西園山莊」後表示，爲了表示對罹難同胞的哀悼之意，並追悼亡靈，海基會將在「海瑞號」附近，爲死難同胞舉行弔唁儀式。

部分隨行的罹難家屬代表，下午抵達淳安時，因重返傷心地，心情極爲激動。家屬告訴許惠佑、侯友宜等人，他們在月初同樣下榻「西園山莊」時，曾遭受淳安當地公安以及縣政府官員限制行動，感覺形同軟禁。

罹難者家屬代表陳欽賜更進一步說，中共方面的人員當時幾乎都採取「一對一」的盯人方式，讓家屬完全無法接觸到外界的訊息。陳欽賜回想當時情況，越講越激動，侯友宜等人也在旁勸慰，許惠佑跟陳欽賜講：「你們的委屈，我們都了解！」

「海瑞號」現場全部被「打掃」乾淨，海基會全體傻眼！

十一日上午九時四十分，海基會專家代表團在大陸辦案專家陪同下，登上「海瑞號」勘察慘案現場的實際狀況，直到中午十二點多才悻然離去。

許惠佑、侯友宜、翁景惠等海基會專家，在要上「海瑞號」時，看到中共公安部門在「海瑞號」船殼外的警戒線四周，各豎立一塊牌子，上面寫著：「爲保護現場，未經許可不得入內。」讓台灣警方略感欣慰的是，大陸跟台灣一樣都有封鎖刑案現場的作法。

可是，當許惠佑、侯友宜、翁景惠等專家在台港澳兩百多名媒體記者陪同下，終於登上造成台灣旅客二十四人喪生的命案現場「海瑞號」時，許惠佑等人見到眼前景象不禁愣住，連記者在內的參觀者也全部傻眼了！

侯友宜一看到中間客艙的地板上，整整齊齊放著三堆灰燼，旁邊還有四、五個麻袋裝著船艙內的殘留物，客艙內的地板已被掃得很乾淨，侯友宜直接用台語說：「幹！還看什麼？回去算了！」

因爲海基會雖然在行前也想過，「海瑞號」命案現場所剩可供勘驗的東西可能已經不多了，但是萬萬沒有想到，會是眼前這樣被打掃得乾乾淨淨的樣子。

侯友宜問隨行的杭州刑偵局支隊長李曙光：「你們現場勘驗怎麼會這樣？」李曙光回說：「你懂不懂？」侯友宜說：「就是不懂才要問你。」

李曙光表示：「現場不整理，怎麼勘驗？」聽到此話的侯友宜，用難以置信的眼光看著對方，隨即不再表示意見，繼續走看「海瑞號」的其他地方。

侯友宜和翁景惠在大陸方面介紹底艙出口處鋼板的彈著點時，問李曙光：

「爲什麼會找不到彈殼？」李曙光回答：「我們也不知道爲什麼會找不到彈殼，但就是找不到。」李曙光語氣強硬地告訴侯友宜和翁景惠兩人：「找不到就是找不到！」隨後很不耐煩地說：「你們還有什麼問題？」

侯友宜與翁景惠兩人實在不解，既然嫌犯會留下汽油桶，當下不至於開槍後再去撿彈殼，想不透爲什麼中共公安單位在船上會找不到彈殼，這問題在侯友宜與翁景惠離開杭州時，依舊沒有獲得解答。

負責火場鑑定的施多喜教授，從登上「海瑞號」起，也發現了許多問題。而負責法醫鑑定的方中民教授，則不斷向大陸方面要驗屍報告，但大陸方面非常堅持不給驗屍報告，絲毫沒有妥協的餘地。

雖然「海瑞號」已經過整理，但施多喜教授首先對第二層的客艙地板提出了疑問，他問中共公安部刑偵局高級工程師烏國慶：「客艙地板的材質是不是

ＰＶＣ的？ＰＶＣ的地板怎麼能燒成這樣？」

施多喜認爲，ＰＶＣ的地板根本引燃不了這麼大的火，但烏國慶堅持ＰＶＣ地板能燒起這麼大的火。

施多喜於是沿著客艙地板，勘察到四周的牆角與地板接縫處，又發現連最不易燒到的牆角與地板接縫處都有被燒到，他說：「這場火燒得與衆不同！」他也將此疑問與侯友宜等人討論，因爲他們從來沒看過如此「怪異」的火警現場。

在勘察「海瑞號」現場時，施多喜鑽進僅有一公尺半高的底艙，半蹲半走地檢視，翁景惠、侯友宜、姜志俊等也都陸續進入察看，這片十七坪大的地方，每名海基會專家心中都有一個疑問，那就是「僅有十七坪大的地方，如何擺得下二十七具屍體」。

而讓侯友宜、翁景惠、施多喜等海基會專家更不解的是，爲什麼底艙的木頭地板，竟然沒有被燒過的任何痕跡，他們都在想，的確和台灣的火警命案現場眞的很不一樣。

翁景惠當場試圖測量一下，底艙入口上方的彈著點凹槽，與鋼板凸出處是否一致。但卻遭到大陸方面人員的提醒：「你不可以動手，只能用眼睛看！」

原來，海協會與海基會曾經就「海瑞號」現場有過協商，就是海基會專家可以到「海瑞號」上看，但不可以有實際勘查的行爲，以免帶給外界過多聯想。

海基會的代表和專家就這樣一遍又一遍地察看「海瑞號」，由於，「海瑞號」事先已經被大陸公安人員打掃得很乾淨，又只能用眼睛看，不能動手勘驗，因此大家「看」了兩個多小時，最後實在沒有什麼好看的，只好悻悻然下船離開。

海協會專家之一的烏國慶，當時在「海瑞號」上，曾對新聞記者解釋：「大陸有大陸辦案的方式，現場不整理，怎麼勘驗？」烏國慶說得義正言辭，還不許記者再詢問這類不聰明、不專業的笨問題。

海基會副祕書長許惠佑和刑事專家侯友宜等人，千里迢迢來到浙江、安徽兩省界附近的淳安縣千島湖，爲的就是現場勘驗，如今卻看到已經被整理過的現場，對他們來講，眞是哭笑不得、情何以堪。

經過專家代表團成員研商之後，許惠佑晚間立刻在下榻的「西園山莊」召開記者會，提出七項勘驗「海瑞號」後的最新案情疑點，這也引起大陸方面高度重視。

海基會總結七大勘驗疑點

勘查完畢，許惠佑提出七大疑點：

第一點，屍體分布狀況不尋常，包括通往底艙二具，油櫃二具，其餘二十餘具均在底艙底層，正確死因無法研判，被槍殺仍是有可能的，而大陸辦案人員並未進行槍枝鑑識工作。

第二點，「海瑞號」命案現場已被清理過，根本無法研判正確案情。

第三點，在正常情況下，「海瑞號」的主客艙是不可能燃燒得如此平均，除非是其他原因造成的，或許十三日可以說得更清楚。

第四點，在展示犯罪證據與證物的現場，發現另一支可疑槍枝，大陸辦案人員解釋，是從嫌犯余愛軍家中搜索到的，而大陸辦案人員再三強調，這是空氣槍並非作案工具，令人感到很可疑。

第五點，台灣旅行團計有二十七件大件行李，但與現場遺留燃燒的餘燼，並不相符。

第六點，船艙後甲板的煤球並未燃燒，此一現象，相當可疑。

第七點，大陸辦案人員在第一天說明案情時說，作案凶嫌只用一桶汽油。但今天在「海瑞號」上又說使用了兩桶汽油。

許惠佑當場明確表示：「我不是空手來的，十三日到杭州再說吧！」許惠佑說，有關此行對千島湖慘案的訪查，一定會給社會大眾一個明確的交代，絕不會空口說白話。

沿著「海瑞號」遇劫水域走一遭

十二日上午，海基會代表團繼續第二天的勘察現場，爲實地驗證大陸公安單位宣稱的破案版本，海基會代表團特地乘船到「海瑞號」遇劫的千島湖水域走了一遭。

當海基會一行人乘船上了蛇島，進入觀賞區後，有台灣罹難者家屬很快認出，一位罹難者在遇害前，就在販賣部前方拍下了最後一張旅遊紀念照片。

侯友宜假藉要買紀念品靠向小販，要跟小販打聽一下「海瑞號」上台灣旅客罹難的事情，當侯友宜才開口跟小販要問千島湖案時，小販連忙說：「不知道，不知道！」轉身趕緊離去，在蛇島上做生意的小販，全都避談月前發生的千島湖案。

台灣一行人於上午九點四十分離開蛇島，海基會所搭的「淳安號」遊船，循東南方向往猴島直航。因「海瑞號」當時並未停靠碼頭上岸的情形，「淳安號」也沒靠岸，僅在猴島岸外稍作減速，即循「海瑞號」離開的航向，再往東南航行。

海基會專家所搭的「淳安號」，航經排岭半島與三潭島、界牌島之間，航向轉東，船上的大陸公安人員同時向海基會專家們說明，「海瑞號」被發現失火後的處理情形。

「這是上江埠。」大陸公安人員指著半島上的一個碼頭，指出當時消防車先開到「上江埠碼頭」，以船載運到「海瑞號」漂流的水域，先將火撲滅及降溫，以防船上的柴油儲油櫃爆炸，待溫度降下之後，才將「海瑞號」拖到碼頭檢查。

在大陸公安人員一番說明下，船也出了上江埠與三潭島、界牌島間狹窄的水道，前方看去是一片開闊的水域，也就是「海瑞號」出事的地點。

依大陸方面提供的資料，這個水域的南面是梅花半島，北面是排岭半島，南北兩岸間的距離，有三千五百公尺，而西面的排岭半島到東面的姥山島，則有八千公尺，整個水域的深度約在五十公尺到一百公尺之間。

上午十點三十五分，也就是由上江埠水道航行約八分鐘時，大陸公安人員說，這個地點就是「海瑞號」被劫的水面。罹難者家屬當時在那裡，撒下了冥紙，弔祭遇害親人。

隨著「淳安號」繼續往西北方向前行，大陸公安人員指著「淳安號」左面，也就是阿慈島西北方小土島的一個航行標塔，向海基會人員解說，凶嫌之一的胡志瀚那時候就是將「海瑞號」棄置在該處。

大陸公安人員也繼續說，「海瑞號」開到這個地點，就標塔方向往西開去，凶嫌之一的胡志瀚，沿路將作案用斧頭、匕首丟掉，再把作案時穿的衣物，包上石頭丟入湖底。

公安人員說，「海瑞號」起火後，胡志瀚、余愛軍、吳黎宏等嫌立刻跳回摩托艇，向著姥山島與排岭半島間的正常航道往東南逃去。

看完淳安千島湖現場，海基會一行人和罹難者家屬代表，又風塵僕僕地趕回杭州，準備明天和海協會大陸辦案專家進行此行的最後一次討論會。

沒膽的，明天最好先走！

在最後一場討論會前，許惠佑會語氣沉重地對家屬說：「沒膽的，明天最好先走。」似乎爲十三日的兩岸治安人員第二回交手，埋下了隨時可能會引爆的地雷。

十三日上午九點三十分，海基、海協兩會專家在杭州西子賓館，繼續第二回合的交手，也就是這趟海基會現勘「海瑞號」火燒船事件的行程中，進行的最後一次討論。

而這次會議中，海基會與海協會兩方專家依舊不停「論戰」，雙方你來我往，海基會一直提出疑點，海協會專家則仍是選擇性回答，各自展開攻防，雙方對案情仍有很大的歧見和不同看法。

海基會專家侯友宜在提問題時，比前次更加來得單刀直入，直接挑明凶手不止三人，且懷疑第一線場，就是在「海瑞號」船上，凶嫌在船上已經開槍殺人。

侯友宜並點出，以遊艇行進間的速度，除非有特殊身分的嫌犯，否則是很難上船的，暗示可能有武警或軍人等特殊身分的人士參與犯案。

侯友宜態度強硬地要大陸辦案專家給出眞正的答案，但大陸專家何挺等人態度也非常強硬，僅表示的確是「三個人犯案」、「沒有特殊身分人士參與」等標準答案。

何挺等大陸專家對於侯友宜等人，一再著墨於嫌犯人數、犯案經過、及有特殊身分人士參與作案，表達出強烈不滿。甚至嗆侯友宜等人：「是不是來找麻煩的！」一場討論會讓雙方火氣都很大。

最後，侯友宜手上拿出一張台灣旅客在四月一日清晨六點半，所拍下的「海瑞號」只見輕煙不見火的照片，質問大陸專家何挺等人如果不是說謊，就是遭到欺瞞，侯友宜的話當場讓何挺等人難堪不已。

何挺情緒激動地直呼，侯友宜手中的照片是「不可能、也不存在的」。並警告侯友宜說話當心點，不得有不同於中共公布的案情，或否定中共的觀點，會場氣氛變得相當火爆。

我是有一分證據，講一分話

侯友宜則不甘示弱地表示：「我是有一分證據，講一分話，從來也沒有胡亂講。」他指出：「我只是提問題，沒有做出違反海協、海基兩會事先協商的規定。」

侯友宜接著繼續問：「我方只是希望你們提出合理解釋，不是故意要刺激你們。」同時對於何挺的強烈反應，感到相當不解，彼時現場氛圍已經凝重到臨界點。

侯友宜也警告在場記者說，不是他說的話不要亂寫，免得他惹上挑撥是非的叛亂罪，侯友宜的「執著」和「剽悍」，當時都確實讓何挺等人踢到鐵板、刮目相看。

大陸海協會專家說明完案情後，中午時分立刻在西子賓館召開記者會，代表海協會專家，主持記者會的中共公安部刑偵局反恐怖處長何挺，除了逐一駁斥海基會專家侯友宜等人提出的疑點外，更語氣強硬地指出，此次讓海基會來杭州了解案情，已經是一個空前的特例，更強調海基會專家所提出的意見，並不會影響千島湖案的審理。

其實，何挺的談話，已經明顯地表示大陸方面的強硬態度，案子就是這麼定了，台灣要看的、要聽的、要問的，大陸都做到了，任何人都不能再拿千島湖案來做文章，否則就要爲影響兩岸發展負責。

千島湖案中，海基和海協的諜對諜，也隨著侯友宜手裡的照片曝光而暫告一個段落，當過十年法官的許惠佑，最後在記者會上宣告，大陸對於千島湖案的交代疑點仍多，擇期再議，這一場杭州、千島湖的「求眞之旅」也宣告結束。但千島湖慘案留給台灣民衆的傷痛，卻是永遠無法抹滅的。

三個月後，「千島湖慘案」三凶嫌遭槍決！

海基會千島湖事件調查團返台後，涉及千島湖慘案的凶嫌吳黎宏、胡志瀚、余愛軍三嫌，在一九九四年六月三日，由浙江省杭州市人民檢察院以搶劫罪、故意殺人罪提起公訴。隨後在一九九四年六月十日，浙江省杭州市人民法院開庭一審，當時台灣媒體受邀旁聽庭審。

一九九四年六月十二日，浙江省中級人民法院宣布判決結果，三名犯罪嫌疑人吳黎宏、胡志瀚、余愛軍，均以搶劫罪、故意殺人罪被判處死刑，剝奪政治權利終身。

一九九四年六月十九日，三嫌被執行槍決；彼時也就是千島湖慘案案發後三個月，這個結果也算是大陸給因千島湖案慘死民衆的一個交代！

而在千島湖案發生的十二年後，當時侯友宜已經升任警政署長，他在二〇〇六年十一月，率團訪陸參加「兩岸警察學術交流」，討論兩岸合作共同打擊犯罪，雙方並於協商後建立了兩點共識。

其一是建立兩岸打擊熱線，刑事局也成立兩岸科，作爲對接單位。其二爲中共協助將潛逃大陸的三百多名要犯和通緝犯緝捕對象，包括槍擊要犯吳斯文、槍擊檢察官的「販毒教父」黃上豐等人回台受審。爾後這兩名逃犯果眞被遣送回台受審。

兩岸共同打擊犯罪，因受政治因素影響，一直是只能做、不能說。不過，二〇〇一年十二月，鄭清松首度以刑事局長身分赴大陸訪問，就是去參加「警察學術研究會」，亦被稱爲警界的破冰之旅，開啟兩岸「共打」，後來的刑事局長侯友宜、黃茂穗等也前往北京等地參訪，建立了不錯的情誼。侯友宜二〇〇六年任警政署長後，也更加重視及推動兩岸「共打」。

侯友宜的勇氣與溫暖

勇敢熱情

侯友宜失去獨子後，化小愛爲大愛，跟著海基會到大陸調查二十四名台灣同胞慘死原因，全程剽悍提問大陸專家，最後以事先在台灣找到的目擊旅客提供的火警發生照片，讓大陸專家氣憤又難堪，無奈大陸已經定調，使得侯友宜未能查出眞相，讓他至今深深感到抱歉！

2-6 黑道世紀喪禮

一九九六年一月十五日，綽號「大寶」的四海幫老大陳永和，在自己開設的「海珍寶」餐廳遭到兩名蒙面歹徒槍殺斃命，當時台北市刑警大隊長侯友宜派出臥底刑警，調查出這起槍擊案起因於美國「美鷹會」首腦王鑫爲了替友報仇，派出華裔殺手射殺陳永和……爾後四海幫高調爲陳永和舉辦告別式，現場超過兩萬人參加，黑衣隊伍一字排開送行，場面非常壯觀，也開啟了台灣黑幫「世紀喪禮」的江湖傳奇。

陳永和遭槍殺命案案發後，外界即傳出是與中華民國首次（一九九六年三月）民選總統大選有關，除了引起總統府高度關切，全國民衆的注意，但警方始終都朝黑道仇殺偵辦，並未將政治因素列入偵辦方向，反而是江湖上一直都有大寶之死與政治有關的傳聞，此案至今仍未破案。

其實，陳永和遭槍擊命案，曾在二〇二一年七月露出破案曙光，刑事警察局逮捕國內最神祕的黑幫教父、天道盟「美鷹會」首腦王鑫，就是爲了偵辦這起命案，但王鑫到案後保持緘默，加上警方沒有足夠證據，檢察官複訊後，諭令兩百萬元交保，一切又回到原點。王鑫也因此更加低調，平時多隱身在他的新店豪宅，幾乎足不出戶。

黑幫老大與現任總統關係密切？

當年陳永和在兩岸的政商關係上人脈豐沛，加上這起命案可能會造成台灣幫派分子，把復仇、火拚的戰場，轉到大陸沿海台灣幫派分子聚集的廈門、深圳、廣州一帶，是故「大寶案」也受到大陸公安高度的重視，兩岸更是有志一同地展開掃黑行動。

一九九四年起，陳永和不僅幕後主導四海幫組織，仿效政黨架構成立中央委員會，在一九九六年，首任民選總統選舉中，更公開支持監察院前院長陳履安競選總統，但警界高層代人傳話，要陳永和支持李登輝，這讓陳永和十分苦惱，還赴佛光山找星雲大師訴苦，哪知返回台北沒幾天，就命喪殺手槍下。

星雲大師後來也證實此事，使得陳永和的死竟蒙上「政治殺機」的陰影，直指與總統助選有關，這也令辦案的警方人員備感壓力。

彼時李登輝、連戰陣營爲了消毒，總統府一度想發布新聞稿駁斥謠言，不過，卻因爲當時的總統府祕書長吳伯雄反對而作罷；但無黨籍總統參選人陳履安，則是呼籲警方應儘速破案，造成總統大選還沒正式開打，就率先上演現任總統與黑幫老大關係密切的話題，這樣的案情發展亦頗爲出人意料。

總統府雖沒發新聞稿公開說明，但仍然透過各種管道澄清，以免影響大選選情。彼時內政部長黃昆輝，唯恐李登輝總統遭其他候選人攻擊，更是挺身出面護主，澄清所有不利李登輝的謠言，並要求警方在最短的時間內破案，以免不實傳聞擴大危害到社會治安。

據悉，當時的警政署長顏世錫主動參加與主持，在台北市警局中山分局召開的「〇一一五」陳永和命案專案會議，會中他公開表示，陳永和命案是單純的黑道仇殺案件，和政治絕無關係，此被外界解讀是爲陳永和命案牽扯出來的政治風暴消毒。

陳永和在四海幫掌握實權，其特殊身分背景，讓他連作古都還要背負詭異的政治糾葛，頗有死人與活人一樣難爲之感，而黑幫老大已死還仍有如此大的威力，放眼當前武林，也只有「大寶」有此能耐。

侯友宜憂心「黑道剋星」人才斷層

四海幫則因爲精神領袖陳永和，在總堂口被殺手槍殺，幫衆也自行展開全球緝凶行動。國內的青壯成員四處調集槍枝，組成一個「報仇敢死隊」，目標直指天道盟和松聯幫，而誓言血債血償的呼聲，更充斥在四海幫兄弟間，國內最大規模的黑幫復仇火拚，一觸卽發。

台北市刑警大隊偵二隊、中山分局和刑事局偵一隊，除了積極偵辦調查陳永和生前所有的江湖恩怨與利益糾紛外，由台北市刑警大隊長侯友宜所主導，副大隊長邱豐光負責執行，名爲「雷霆專案」的掃蕩黑幫堂口行動，也在台北市全面展開，當時黑幫兄弟被警方掃得雞飛狗跳，知情的黑幫人士則搭乘飛機出國避風頭。

當時的台北市警局，以台北市刑警大隊各外勤隊爲掃黑主力部隊，雖對台北市黑道角頭幫派造成了莫大震撼，卻發現另一個問題，那就是「人才荒」，警方內部缺乏熟悉、深知黑道幫派動態、組織成員的刑警，警力面臨嚴重斷層，此讓市刑大隊長侯友宜憂心忡忡。

其實造成「黑道剋星」人才缺乏的原因，與彼時警方厲行風紀第一的要求有關，為了避嫌，刑警多跟黑道幫派保持距離，以免被督察人員貼上「黑」標籤，使得警方在偵辦陳永和命案時，老是在外圍打轉，無法深入核心了解眞實案情，對偵辦工作造成嚴重影響。

另又因與各黑道幫派變得疏離，警方根本無法了解各幫派的活動，甚至連警方內部的黑幫資料，都還是「一清專案」留下的舊檔案；為此，台北市警局為了亡羊補牢，要求各分局和刑警大隊對台北市所有黑道幫派進行「黑幫總檢」，但畢竟這樣做仍然遠水救不了近火。

侯友宜派刑警當臥底查「陳永和案」

是故爲掌控四海幫及其他黑道幫派的動態，與打探陳永和被槍殺的線索，台北市刑警大隊長侯友宜，就選派鄭姓刑警進入四海幫臥底，並充當「聯絡人」，於是「白黑兩道聯手」展開追緝殺害陳永和的凶嫌，這種合作模式在警界實屬少見，但當時卻也是不得不的權宜之策。

台北市刑警大隊長侯友宜素來以辦黑幫而聞名黑白兩道，因此對於沾上幫派分子就好比惹上是非，他有深刻的體驗，故而要派鄭姓刑警前往四海幫臥底時，事前就跟對方懇談了許久，同時分享自己辦黑幫的心路歷程。

侯友宜跟鄭姓刑警談到自己跟黑幫過招的種種，明白地表示，如果有所顧忌，可以拒絕接受臥底任務，但侯友宜也當面跟對方表明自己的難處：「除了你，我實在找不出更適合的人選。」鄭姓刑警在了解自己的任務與處境後，最後毅然決然地接下臥底任務。

在臥底刑警打進四海幫後，先是找到目擊兩名殺手模樣的海珍寶餐廳服務生，並說服四海幫小兄弟和目擊證人出面，協助警方繪製陳永和命案疑犯的畫像，在此案兩名疑犯的畫像曝光後，台北市警局也在當時台北市長陳水扁「限期」的破案日前，完成第一階段的任務。

此外，當年陳永和命案後，四海幫主「經華」、「光男」等大哥，不是出國就是滯留國外，因此，鄭姓警員又策動四海幫這些可能知悉內情的大哥，陸續出面說明案情，協助警方了解陳永和的江湖恩怨與工程利益糾紛，鄭姓警員徹底發揮了臥底刑警和聯絡人「二合一」的角色，對於侯友宜的交辦事項，完全使命必達。

台北市長陳水扁限期兩週內破案

由於陳永和命案被泛政治化，加上案情複雜，市長陳水扁不僅親赴台北市警局，聽取局長黃丁燦、刑警大隊長侯友宜報告案情偵辦狀況，並開先例限警方務必在兩週內破案，更公開向黑道喊話，要求各幫派自律自清，主動提供線索協助警方破案，否則不排除針對幫派，進行大規模掃蕩行動。

在限期破案的前一日，陳水扁也親自拿著疑犯畫像，召開陳永和案偵辦經過記者會，首度證實旅美幫派分子王鑫涉嫌重大，殺機起因於東區某大筆土地的買賣糾紛，並提供兩百萬元懸賞獎金緝凶；此由行政首長針對重大刑案開說明案情記者會，而不是由警方人員說明，在警界是頭一遭。

陳永和過世後，幫眾除了想方設法報仇，另一件最重要的事，就是為他籌辦告別式。而黑幫老大的喪禮中，最講究的就是排場，本省掛教父「蚊哥」、松聯幫大哥「志偉」出殯時的馬隊，竹聯幫頭號殺手劉煥榮的喪禮，都是隆重到氣勢浩蕩、備極哀榮，迄今令人印象深刻，但在這次四海幫老大陳永和的告別式後，只能說前述那些場面，與之相較變得清淡多了。

當時四海幫陳永和的喪禮上，除了多位朝野政要、民意代表，連美、日、澳、台等地幫派分子，多達上萬人前往致祭或贈輓聯，馬隊、車隊、陣頭所組成的出殯行列，綿延長達三公里，更一度造成台北市松山區的交通癱瘓，彼時場面之浩大，經在場的幫派人士認證，堪稱是歷年來規模最大的黑道世紀喪禮。

兩名殺手進入海珍寶餐廳槍殺陳永和！

回到案發當日，一九九六年的一月十五日晚上七點許，位在台北市復興北路上的海珍寶餐廳，像往常一樣有三十多名四海幫兄弟在此聚餐，現場飲酒作樂聲不斷，另有兩桌是一般用餐客人。綽號「大寶」的老大陳永和，也跟平日一般準時出現在餐廳門口。

四海幫主經華和家人、好友也正在包廂海龍廳內餐敘，另一包廂寶富廳，則是坐著開幫元老「俠哥」藺磊洽和「長榮哥」等十二人，另名中生代大哥，也是該餐廳老闆之一的「孫老五」，則坐第三桌和董姓、孫姓等小兄弟在聊天。

陳永和差遣送他來的尤姓司機離去後，便步入餐廳，隨即就坐第十二桌，與小學同學佡家隆，他的獅子會陳姓、歐姓朋友和一名記者同席，陳永和坐在佡家隆的隔壁，也就是背對大門的位子。

而靠餐廳左前方的第三桌上，則坐了十多名四海幫小兄弟，正在歡送一名要入伍的游姓小弟，大夥圍坐一桌非常熱鬧，還不時地到十二桌敬「大寶哥」，現場氣氛相當熱絡。

接近八點時，在包廂和朋友共餐的俠哥，也走過來向陳永和敬酒，坐在侖家隆和陳永和之間，陳永和相當關心老朋友俠哥的近況，兩人還不時互灌對方、開心拚酒。

幾乎就在同一個時間，突然有兩名男子跑上餐廳門口的台階，再闖進餐廳的自動門，其中一人已先戴上毛線頭套，另一人則是邊跑邊戴上頭套，形跡十分可疑。

兩名歹徒迅速奔入餐廳後，立刻選中陳永和這一桌爲目標，並站在陳永和的身後。其中一人問同夥：「是不是他？」陳永和等人彼時驚覺有異狀，但還來不及起身，槍聲就響起，陳永和也應聲倒地。

和陳永和同桌的俠哥見到歹徒開槍，便起身抱住開槍射擊陳永和的歹徒腰部，但遭到另一名歹徒毫不猶豫地朝他眉心開了一槍，侖家隆則是做出反抗的動作，被開了兩槍，客人及服務生當場驚叫連連，紛紛急忙趴下躲避子彈。

距離陳永和所坐那桌不到五公尺，並和孫老五坐在同一桌的一名董姓兄弟，看到陳永和被狙擊倒地後，情急之餘舉起餐椅便投擲持槍歹徒。

開槍歹徒被此「反制」動作嚇了一跳，繼續射擊陳永和的槍彈，竟打偏擊中天花板，另名開槍射擊俠哥的歹徒，隨即轉身朝孫老五這一桌連開兩槍，孫老五和董姓兄弟等人則立刻伏身躲避，子彈打中了椅子。

兩名歹徒再向已倒地的陳永和補開四、五槍，隨後從容地跑出餐廳，竄入遼寧街一八五巷，最後左轉朝南京東路三段二二三巷，被兩部已經發動的賓士轎車接應逃逸。

大寶哥！你要堅強，我們都在你旁邊。

原本在包廂和家人與好友餐敘的四海幫主經華，聽聞槍聲後匆匆趕出房間，發現平常在幫內最爲倚重的「大寶哥」陳永和，以及前一刻才離開包廂出來敬酒的老友俠哥，雙雙倒在地毯的血泊中。

經華、孫老五等人見狀，立刻開車將陳永和和俞家隆分別送往台北長庚醫院和仁愛醫院急救，俠哥則當場斃命。立法委員沈智慧和林明義獲悉後，也趕往長庚醫院關切。

當時上百名的四海幫兄弟，都聚集在長庚和仁愛兩醫院外焦急地等候，尤其是長庚醫院的停車場，一小時不到的時間裡，就駛入二、三十輛賓士、寶馬、富豪、保時捷等名車，由於進入了過多車輛停放，台北長庚醫院開往林口長庚的交通車，一度無法順利開出。

長庚醫院醫師在對陳永和急救多時後，發現陳永和尚有微弱心跳，但血壓微弱，只得以人工呼吸器維持生命。四海幫人士不願放棄希望，董哥則不斷打電話與慶生醫院聯絡，要求派醫生到長庚接陳永和轉院到慶生。

醫護人員向陳永和的女兒表示，因爲陳永和傷勢很重，轉院可能在醫院途中發生危險，除非家屬簽字自負風險，否則院方不能同意讓陳永和轉院，由於陳永和的女兒不願簽字，讓其他人十分爲難。

四海幫人士因爲慶生醫院派不出醫護人員到長庚接陳永和，一個大哥氣得建議：「乾脆把他押過來算了！」話還沒說完，另一名輩分更高的大哥立卽大聲斥責：「怎麼押？有辦法你去押！」提出建議的男子才噤聲未再發言。

聚集醫院外的四海幫人士在焦急等候時，除了吸菸、吃檳榔，一些人輕聲交談，也有多人拿著行動電話，不斷對外聯絡。不久，急診室外的地上隨處可見盡是菸蒂和檳榔渣。

當時長庚醫院從來沒有發生過，一下子出現那麼多幫派分子聚集在醫院外「站崗」的經驗，院方怕處理不好會刺激到他們，只好打電話給轄區松山分局，請警方派員前來維安，警方人員見到在場兄弟雖然衆多，但都相當理智及有秩序，因此僅在警衛室內進行監控。

在長庚醫院急診室內，陳永和的女兒拿著行動電話，將話筒靠在生命垂危、正在被急救中的陳永和耳旁，不斷地喊著：「媽媽要跟你說話。」

彼時影星陳麗麗帶著三位比丘尼，不斷在場念誦「南無阿彌陀佛」，陳麗麗並不時大聲地請在場所有親友一起念，希望藉此保佑性命垂危的陳永和順利脫離險境。多位四海幫小兄弟也幫忙醫師和護士，搓揉陳永和的四肢，藉此協助輸血工作的進行。

許多陳永和的親友不斷在旁邊喊著：「大寶哥！你要堅強，我們都在你旁邊。」這一切的舉動，爲的都是希望陳永和能化險爲夷。但由於陳永和前胸中三槍、後頸部中二槍、右手臂中一槍，槍槍貫穿，經醫師搶救五個多小時，還是傷重不治，噩耗傳到在外等候的四海幫兄弟中，痛哭聲此起彼落。

另一位被緊急送往仁愛醫院急診室搶救的佡家隆，則在手術室開刀，等在手術室外的三十多名友人個個神色凝重、一語不發，當衆人聽到「大寶哥過去了」的噩耗，眼淚紛紛都落了下來。

大寶哥、俠哥死，大佡哥受傷住院！

手術室的紅燈始終亮著，圍在手術室外的友人均耐不住久候，有的拿出行動電話聯絡，因會影響醫療儀器而遭護士阻止，有的乾脆走出室外打電話，一接通就破口大罵，並要大家準備好要「討回來」。

另一方面，倫家隆的手術好不容易結束，醫生指出，他有兩處遭到槍擊，子彈從左胸射入貫穿左腋，另外左手臂肌腱處也遭一槍貫穿，所幸槍傷都未傷及內臟與骨頭，但左手臂的部分神經可能受損。

倫家隆手術後被送進五樓病房，他的友人們爲防再有歹徒混入醫院殺他滅口，均守候在病房四周，倫家隆聽到「大寶哥」急救無效死去的消息，情緒相當激動，不禁嘆道：「社會眞黑暗！」

中山分局在接獲報案後，立刻由分局長張鴻儀率大批幹員趕到，將現場封鎖，由於陳永和被槍殺後，可能引發黑幫火拚，案情重大，當時的市警局副局長劉勤章、台北市刑警大隊長侯友宜也趕到現場了解案情。

面對警方偵訊時，目擊槍擊案發生經過的海珍寶餐廳老闆孫老五，並不願多談死者大寶陳永和、俠哥藺磊洽的事，只簡單陳述了案發經過，其餘四海幫兄弟對於警方人員的偵訊工作，則大多採取規避的態度。

陳屍在現場的「俠哥」藺磊洽，其家屬包括已白髮蒼蒼的大姊、妻子、妹妹和長子，聞訊後陸續趕到餐廳，檢察官施慶堂、法醫劉樹人相驗屍體後，發現子彈由俠哥右眉上方射入，由右頸下方貫穿，彈頭卡在乳頭間，證實是一槍斃命。

而原先陳永和遭狙擊倒地處，更留下了四、五個彈孔，地毯都遭火力翻起，家屬目睹歹徒行凶的狠辣，都不禁嚎啕大哭。凌晨兩點十分，許多四海幫兄弟紛紛突破警方的封鎖線，進入餐廳爲死者俠哥上香，現場一股血債血償的情緒與話語不斷迴響，和在旁道士的誦經聲，夾雜成一幅淒冷而肅殺的畫面。

陳永和從混學生太保升等變黑幫老大

原籍浙江的陳永和，四歲時來到台灣，後定居於北市仁愛路、建國南路口，由於當時流行學生太保，只要不愛讀書的學生，臭味相投、三五成群，就可拉幫結派一起混起來，而陳永和因平日寶裡寶氣，點子又多，所以博得「大寶」的綽號。

少年陳永和再怎麼闖蕩，最後仍得高唱「從軍樂」，他投考專修班，官拜少尉，但在軍中又耐不住寂寞，嚮往外面的自由與熱鬧，於是棄「官」潛逃，最後比別人多了數倍的時間，才把兵役服完。退伍後的陳永和，當時已成爲四海幫內的少壯派中堅人物，和發跡新北市永和的竹聯幫，在江湖上分庭抗禮。

陳永和早期是以在台北市做期貨起家，經營賭場也有一手，加上曾跟已死亡的四海幫老大劉鐵球等人，介入鴻源地下投資公司的經營謀利，經濟狀況一直不錯，投靠的兄弟頗多，被認爲是四海幫在檯面上最具實力的老大之一。

當年四海幫極力向大陸發展，建立多處據點，並在海南、上海、廣州、深圳、湖南等地投資土地開發、高爾夫球場，開設KTV酒店、靶場等，陳永和可說是居功厥偉。

而陳永和在大陸的關係，也是涵蓋中央到地方，不論是內陸或沿海，當地的領導幹部與他都有過人的密切交情。陳永和曾向友人誇下海口，表示在大陸除了核子彈，連米格機他都有辦法買到。

當時，中共國家主席李先念的女婿劉亞洲來台，曾轟動一時，那次便是透過陳永和的安排，此後陳永和經營中共「太子黨」人脈關係更是不遺餘力。台灣幫派分子能自由進出中共中央政府機關「中南海」的，陳永和是首例。

個性豪邁不拘，大寶是黑白兩道談判第一仲裁

由於陳永和個性豪邁不拘，十餘年來由南到北的闖蕩，再加上兩次管訓，使他結識了不少朋友，不論是外省或本省，他都能與人一見如故，迅速打成一片，長年累月下，建立出個人的好口碑與風評，進而成爲黑白兩道、政商領域排難解紛或談判仲裁的不二人選。

陳永和同時也與海外華人幫派、日本山口組都有密切往來，多年前，陳永和到日本遊玩，日方機場竟出現十多輛加長型凱迪拉客轎車一列排開，迎以貴賓之禮，相當引人側目，所以他的葬禮也有日籍人士列名爲治喪委員。

此外，陳永和與已伏法的槍擊要犯「來來」林來福也有一段往事，一直被黑幫兄弟津津樂道。話說一九八八年間，林來福受部分鴻源投資人委託，持

一億二千萬元的債權憑證，向鴻源機構求償。

鴻源機構的負責人之一劉鐵球，找陳永和出面去跟林來福談，雙方相約在梨山談判，當時林來福身上綁著手榴彈前去赴約，準備談判不成要跟陳永和同歸於盡，最後雙方以八千萬元成交，林來福當時按江湖規矩，欲付給陳永和八百萬元的「兄弟錢」，但被陳永和以「兩方圓滿，面子無價」婉拒。

即便在道上呼風喚雨，其實陳永和過世前已開始潛心向佛，由幕前逐漸轉往幕後，除了偶爾罵罵人外，口氣較往昔緩和，對於世事恩怨和江湖事務也較少插足；但畢竟陳永和是混跡江湖大半生的人，擔心自己的過往會波及家人，早已將子女送往國外，本來他死前兩天要出國，探視定居美國的兒子，不料卻慘遭遇刺身亡。

四海「大寶命案」傳與松聯「志偉命案」有關

陳永和活躍於一九七〇年至一九九〇年，雖沒當過四海幫主，但卻是四海幫中握有實權的創幫元老，外界時有用精神領袖來稱呼他。警方在追查殺害陳永和的歹徒時，發現陳永和在道上輩分高，身分如同黑道仲裁者，經查至少有七、八件的黑道恩怨和工程利益糾紛，都有可能造成陳永和被殺。

不過，陳永和與俠哥遇害後，黑道迅速流傳出，陳永和的死可能與松聯幫大哥「志偉」覃世維，一九八五年四月初在大陸廈門遭人槍殺一案有關。

先前志偉在北市松山區一處賭場前遭人突襲，幸好有穿防彈衣才躲過，爲躲避偷襲行動，志偉只好去美國避風頭。怎料志偉在美國又再次遭到殺手開槍，幸好他躲得快才逃過一劫。

後來，志偉從美國跑去大陸躲避，誰又料到，他竟然在廈門「公爵西餐廳」裡遭到殺手開兩槍狙擊身亡；因爲志偉被槍殺時，四海幫包括綽號「大包」及「孫老五」等人都在現場，因此松聯幫認定志偉就是四海幫派殺手幹掉的。

警方也發現，除了松聯幫志偉被槍殺，可能是引發陳永和命案的動機外，其他像北聯幫「仔仔」因積欠大同區一名本省掛角頭老大「四崁」數千萬元賭債，央求陳永和出面擺平，雙方當時談判破裂，是否因此造成陳永和被殺，也被警方列爲調查重點，懷疑陳永和之死，恐與利益分配不均、處理債務不當有關，最後引來殺機，警方也將針對此部分進行追查。

兩大財團的十億土地糾紛害死兩黑幫老大？

在警方專案小組針對陳永和生前的江湖恩怨、利益恩怨、賭債糾紛等抽絲剝繭，將偵辦範圍縮小至陳永和之死與松聯和四海兩幫恩怨，進一步發現，兩黑幫老大的之死，和價值十餘億元的台北市東區「周氏祭祀公業」土地買賣有關。

此事，更牽扯出國內兩大知名財團，爲了對付彼此，竟然各找四海與松聯兩幫兄弟圍事，沒想到最後竟演變成兩名黑幫老大喪命的不幸事件。

原來當時陳永和曾出面找志偉談判，但志偉不賣帳，陳永和因而斥責志偉：「你不是東西！」兩大黑幫談判破裂，黑道大火拚一觸卽發，迫使兩大知名財團的少東與二當家，不得不出國避風頭。

這就要說到兩大財團交惡的緣由：「甲財團」的二當家在一九八四年十月，無意間在報紙看到「周氏祭祀公業」土地要售予某銀行，而該筆位在台北市仁愛路和新生南路附近的土地，正是其斥資四億五千萬元收購，並信託登記在張姓代書名下的土地，沒想到卻遭張姓代書盜賣給「乙財團」。

在一次應酬的場合，甲財團的二當家便頻頻抱怨土地被「一地二賣」的事，剛好松聯幫的志偉在另一包廂跟友人餐敘，二當家透過關係找松聯某兄弟幫忙，該名兄弟便引薦志偉給二當家認識，雙方言明，以討回數額的三成作爲志偉的報酬。

而乙財團少東在得知有幫派兄弟介入時，也不甘示弱透過關係找到四海幫中生代要角「光南」出面，代爲解決這樁土地買賣的糾紛，光南在知道甲財團有找志偉介入，便請出老大陳永和撐腰，可是談判仍然破裂。

松聯和四海兩黑幫眼看就要火拚起來，使得兩大財團都很緊張，因此私下和解，一九九五年四月底，志偉後面的財團要他不要再插手此事，但仍會支付六千萬元給他當作報酬，但志偉沒答應。

至於後來出國的光南，返台處理陳永和喪禮時，被警方找去問話，但他堅決否認教唆殺手殺害志偉，直指陳永和被殺，應該與「周氏祭祀公業」土地糾紛有關，但由於當初本省掛及外省幫派都介入，他無法確定是那一掛人馬殺害了陳永和。

光南也告訴警方，當初志偉介入「周氏祭祀公業」一地兩賣的糾紛，幕後的兩大財團和解後，陳永和與志偉曾當面談判利益分配，但志偉堅持要從六千萬元的利錢中多分兩千萬元，使得陳永和生氣地當場指責志偉，罵對方不是東西，雙方不歡而散，隨後不久志偉就在大陸被人槍殺斃命。

華裔幫派分子王鑫曾帶「六大殺手」入境台灣

就在此時，臥底鄭姓刑警探查到一項重大線索，就是旅美華裔幫派分子「王鑫」在美期間，曾帶著一批紐約「東安幫」分子組成犯罪集團，在美國東西岸流竄犯案，而這位王鑫正是志偉生前的至交好友，更發現陳永和的死因，極可能是王鑫所展開的「復仇反撲行動」。

其中引起警方高度重視的是，王鑫在陳永和命案一個多月前曾入境台灣，而東安幫有名的「六大殺手」也跟隨其來台，警方因此懷疑，這六大殺手極可能就是殺害陳永和的凶嫌，其中兩人年紀、特徵、長相等，與專案小組掌握的歹徒畫像極爲相似。

從各種線索反覆推敲，警方幾乎可以確認志偉命案和陳永和命案有直接的關聯性，甚至叫警方人員吃驚的是，王鑫是根據志偉生前所遺留下來的一份「復仇黑名單」展開暗殺行動，而這份名單中，遭暗殺的陳永和甚至並未排進前三名，但卻是第一個遭到剷除的報復對象。

值得注意的是，一九五四年生的王鑫，在警方的檔案中竟然連一條刑案前科紀錄都沒有，而他爲躲避「一清專案」，跟隨「海盜幫」的幾位表兄弟舉家到美國發展，並拿到美國公民身分，因緣際會下又拜入了天道盟海外組織之一的「美鷹會」。

雖然王鑫不是美鷹會的會長，但卻帶領一批在美吸收的華裔人士，訓練他們成爲美鷹會最頂尖的狠角色殺手，在一九九一年間，往返台美之間相當頻繁，替天道盟處理非常棘手的事，但曝光率不高。

爾後天道盟與松聯幫志偉合作多次，雙方皆保持良好關係，卻惹來其他幫派對志偉不滿，甚至揚言買凶殺他，王鑫才經授命隨護志偉。因爲這層關係，只要是王鑫帶來台灣的殺手，志偉不僅改善他們住的環境，還不定期金援款待，讓他們相當服貼。所以，當志偉在大陸遇害後，王鑫就曾跟友人表示勢殺陳永和替志偉報仇。

當時志偉遺體被運回台灣，在新竹設靈堂一個多月，包括四海幫等來自各地的黑幫人物紛紛前來祭拜，但是貼身保護志偉的王鑫，卻始終沒有出現，等到志偉出殯後，王鑫已蓄長髮及鬍子並「戴孝」，此舉顯示出王鑫替志偉復仇的強烈態度。

就在此時黑幫間更流傳著，志偉生前留有一份仇家名單，主要是處理「周氏祭祀公會」土地買賣糾紛時，揚言要對他不利的人。這份黑名單加上神祕殺手，使得黑道之間氣氛相當緊張。一些幫派分子為防被殺，紛紛遠離台灣，走避國外或澎湖等地暫避風頭。

為此台北市刑警大隊一面由鄭姓刑警臥底探聽消息，另一方面大力掃蕩黑道幫派堂口，見到黑幫老大都請他們到市刑大「喝茶」和「聊天」。

尤其是跟嫌疑犯王鑫有交情的海盜幫大哥「大螞蟻」、「三毛」與松聯幫大哥「小潘」、天道盟大哥「阿南」等人，均被列為首波喝茶對象，在軟硬兼施下，案情終於又有了進一步突破。

無法逮捕王鑫到案，侯友宜從警生涯中的一大遺憾。

警方查出，被疑教唆殺手幹掉陳永和的美鷹會分子王鑫，在美國的職業欄，便寫著「強盜殺手」，在台活動期間都是使用「王新」的名字。

讓侯友宜等辦案人員感到有興趣的是，王鑫曾使用「太極集團」的「金名片」與人交往，可看出其身分的重要性，警方更查知，綽號「光頭」的陳姓大哥是天道盟「太極會」會長，與王鑫來往密切。

為早日將槍殺陳永和的凶嫌王鑫等人緝捕歸案，警方人員曾動用關係，請天道盟精神領袖「羅大哥」幫忙勸王鑫出面，但卻碰了一個軟釘子。雖然羅大哥不幫忙，可是警方專案人員追緝王鑫的行動並未停止，反而更加積極。

不過，警方人員卻在四海幫分子的協助下查出，王鑫擁有兩本以上的護照，且英文名字叫做「湯尼王」，在陳永和命案發生當天，王鑫曾以湯尼王的身分入境台灣，使得王鑫直接參與暗殺行動的可能性大增。

另疑似動手槍殺陳永和的兩名東安幫分子，警方也查出，一名是祖籍大陸廣東省、但在美國土生土長的男子，是東安幫的第二把交椅，另一名男子則是隨父母移民美國的台裔男子，讓警方人員興奮的是，前者名叫保羅、後者姓林的兩名殺手仍滯留在台灣。

根據警方人員偵查得知，王鑫在身分曝光後，曾從新加坡打電話回美國給東安幫堂口，及台灣天道盟某重量級老大，斥責他們事情沒辦乾淨，害他美國回不去，台灣也歸不得。

此時，臥底鄭姓刑警又傳回王鑫在台女友的落腳處，而該女子曾在陳永和案發前跟王鑫一起出國，但事後卻獨自一人返台，於是警方展開二十四小時監控。

偵辦陳永和命案的警方「〇一一五」專案小組一方面監控東安幫六大殺手的行蹤，一方面又要防止四海幫兄弟在陳永和出殯前，找松聯幫、天道盟報仇的行動，在四海幫主經華等人保證不會私下尋仇報復下，警方人員全力投入追捕王鑫及東安幫六大殺手的行動中。

世事難料，雖然經過縝密的偵察過程，投注大量的心力和時間，由於欠缺了關鍵證據，警方始終無法逮捕王鑫到案，此事也成爲侯友宜從警生涯中的一大遺憾。

大寶、俠哥出殯，兩萬人送行場面盛大！

一九九六年的二月十一日上午，四海幫老大「大寶」陳永和與「俠哥」藺磊洽舉行告別式，海內外幫派致意人潮絡繹不絕，據說前後有高達兩萬人到場送行。因靈堂現場兄弟過多，市警松山分局由分局長何海民，親自率數百名員警執勤，而偵辦陳永和命案的市刑大偵二隊專案小組人員，也悄悄出現在靈堂，黑白兩道同處一室，彼此均極有默契，未發生任何節外生枝的狀況。

最引人側目的是，台北市刑警大隊長侯友宜，獨自站在距離靈堂五十公尺遠的地方，監看進出靈堂的黑道幫派人士動靜。侯友宜的出現，引起靈堂四周各黑幫兄弟的一陣騷動，也爲陳永和的喪禮帶來緊張的氣氛。

當侯友宜看到四海幫兄弟，公然穿著背後寫有「四海」兩字，和松聯幫「小豹」率十人馬隊揮動寫有「松聯」兩字大旗進場，外帶竹聯幫主「么么」帶領三千多名幫眾前來祭拜等情景時，不禁眉頭深鎖、神情凝重。

靈堂現場不停播放由四海幫人士自己演唱錄製的錄音帶，共有〈血染的風采〉、〈龍的傳人〉、〈中華民國頌〉三首歌曲，但歌詞中有加進四海幫字眼。其中〈血染的風采〉是由大陸傳進台灣，當時在各黑幫間相當流行。

在家祭舉行前，昔日無黨籍總統候選人陳履安翩然而至，雖然僅停留短短三分鐘，向兩名死者上香鞠躬，向在場家屬點頭致意後便搭車離去，可是許多在場的四海幫兄弟情緒都相當激動地表示：「還是陳履安夠義氣，總統這一票，決定投他了！」也算是契合陳永和生前心意。

前民進黨主席許信良也親自前來弔唁，但在上完香後便匆匆離去，時任總統府祕書長吳伯雄、台北市長陳水扁則致送「返璞歸眞」的輓聯，而前立法院副院長王金平、國民黨中央政策會執行長饒穎奇等三十多名朝野民意代表，以輓聯表示哀悼。

十一點公祭結束，移靈車列由繡有四海字樣的黑幡旗隊、松聯幫十四馬隊、十輛一千五百CC重型機車前導，陸續由基隆路、東興街、南京東路、敦化北路、直到松山機場，四海幫兄弟跟在靈車後側，各幫派出動的陣頭、花車及送殯車隊，延綿長達三公里，放眼過去多是身著黑衣的男子，讓行經路人都爲之側目，更一度造成交通大塞車。

隊伍在下午一點三十分到達松山機場，幫衆及友人在機場大廳成兩列排開，送骨灰登機，二點四十分，一百七十位陳、藺兩人生前最親近的親友，伴著兩人的骨灰，搭乘華航七三七包機前往高雄，將骨灰安放在佛光山。

後來，陳永和七七忌日時，當時參選國大代表選舉的天道盟太極會會長「光頭」，其競選總部遭人放冷槍警告，此椿槍擊案再次引起陳永和命案警方專案人員的高度重視，經查該案可能是四海幫爲幫陳永和報仇的反撲行動，一場腥風血雨的黑道火拚恐又將引爆。

台北市刑警大隊長侯友宜爲防範可能的黑幫火拚，傳話要求各幫派老大要約束手下，並積極展開另一波的掃蕩黑幫堂口行動，算是暫時壓制住一連串的黑幫復仇行動。不過「大寶案」衍生出來的「外籍殺手」侵台，仍成當年治安隱憂之一。

勇敢無懼

侯友宜的勇氣與溫暖

四海幫元老大寶遭兩名殺手狙殺身亡，侯友宜派臥底刑警進入四海幫查大寶命案，因當時督察當道，刑警沾黑常被汙名化，並告訴同仁有顧忌可以拒絕任務，刑警後接受。侯友宜尊重同仁之舉，是一種惺惺相惜的同事愛！

2-7 陳進興挾持南非武官案

一九九七年十一月十八日，在南非與中華民國政府斷交前夕，白曉燕案在逃嫌犯陳進興，潛進北市天母的南非駐華武官卓懋祺官邸，挾持武官一家五口當人質，並用槍打傷了武官和大女兒。當時台北市刑警大隊長侯友宜徒手隻身進屋，和持槍械的陳進興談判，隨後抱著一名小男嬰步出現場，那一幕，透過電視現場轉播，讓侯友宜成爲人民心目中的英雄，亦令外國使節見識到台灣警察的英勇。這也是台灣治安史上，首次電視直播警匪對峙現場。

經歷劫持事件的卓懋祺（Edward McGill Alexander），在離台返回南非多年後，寫了一本書《眞愛：南非武官VS.陳進興的故事》（*Hostage in*

Taipei : A True Story of Forgiveness and Hope），記錄了當時驚心動魄的片段，他本來認爲，警方會不顧任何代價取陳進興性命，「即使犧牲我們一家人也在所不惜。」沒想到侯友宜竟然爲了他們一家人，深入虎穴，卓懋祺在書中讚揚：「侯友宜是最勇敢的大隊長！」

二○○八年六月，侯友宜已轉任警察大學校長，一個月後，外交部透過警政署安排了一群訪客，到警大拜訪侯友宜校長。原來，當年在南非武官官邸挾持事件中，被他從槍口下救出的小男嬰查克（Zachary Garske）已經長大，他的養父母從美國帶他到台灣，與救命恩人見面，當侯友宜看著這個陽光般的十歲小男孩時，心情非常激動。

「陳進興時代」是一九九七年台北人的共同夢魘

一九九七年四月十四日，知名藝人白冰冰的獨生女白曉燕，在新北市住處附近遭到綁架勒贖，之後被殺害棄屍，綁匪手段凶殘，震撼社會，警方查出陳進興、高天民及林春生三嫌涉案，展開全國大追緝。

白案三嫌同年八月移轉至台北市犯案，四處隨機殺人、性侵，造成台北人高度恐慌不安，面對這樣的狀況，彼時侯友宜帶領北市「〇四一四」專案人員，全力追捕白案三嫌到案。而那個陳進興的時代，應該也是四十歲以上台北人當年的最大夢魘！

一九九七年八月，陳進興、高天民、林春生綁架北投陳姓商人勒贖五百萬元。後來林春生在「五常街槍戰」中，遭北市警方圍捕舉槍自盡。

一九九七年十月，陳進興、高天民到羅斯福路「方保芳診所」整型變臉，以躲避警方追捕，孰料完成手術後，他們竟開槍射殺診所醫生夫婦和護士，猶如禽獸的陳進興甚至還性侵護士。

侯友宜在追捕陳進興時，也發生過一個小插曲，有一天，台北正下著大雨，侯友宜穿著雨衣獨自巡查誘捕點時，被自己弟兄誤認，差一點被開槍射擊，險丟性命。

十一月十七日，白案嫌犯高天民到石牌一家按摩院按摩，被民眾檢舉，北市警方前去圍捕，槍戰中，高天民舉槍自殺。在林春生、高天民相繼死亡後，隻身一人的陳進興可能自知死期不遠，因此就像一隻邪惡的瘋狗，行徑更加肆無忌憚。

被陳進興視作「軍師」的高天民舉槍自盡，帶給了他很大打擊，高天民死時，恰好是挾持人質事件的前一天，當時走投無路的陳進興，決定要用最激烈的方式，要替遭逮捕刑求的妻子張素貞、妻舅張志輝等人討公道，於是陳進興就在台北街頭找尋下手獵物。

十一月十八日中午，陳進興先在民生東路三段，一棟公寓七樓持槍挾持一對林姓姊妹，捆綁姊姊後，要脅妹妹煮飯給他吃，受驚嚇的妹妹爬上窗戶陽台大聲呼救，陳進興嚇一跳，開了一槍逃逸。出師不利的陳進興，只好返回自己熟悉的士林、北投重新找對象。

陳進興瘋狂尋找對象要做「大案」

當時戴著安全帽，騎著機車的陳進興，來到了紗帽山腳的行義路一五四巷，清幽安靜的長巷，被陳進興不時來回盤旋的機車聲，搞得氣氛不太尋常。

觀察巷內動靜許久的陳進興，原本看中巷內二十四號的美國家庭爲下手目標，便在附近埋伏觀察。不過，這處美國家庭無人在家，陳進興等了許久都沒著落，像是一隻鬥敗的公雞，只好倉皇地繼續在四周找尋適合的獵物。

晚上六點，陳進興終於看到一名中年外籍男子，駕駛一輛掛有紅色「使」字號的祥瑞一千三百ＣＣ轎車，駛進了一棟豪華別墅，陳進興臉上露出緊張又興奮的笑容，心裡暗自打定主意，就是這一家了。

陳進興並不知道當時挾持的這家人，是南非駐華大使館的武官一家，後來知悉後，連他自己也嚇了一大跳。而南非駐華武官卓懋祺及其家人，並不知道他們即將被惡魔陳進興挾持，面臨人生中最恐怖驚魂的二十四小時。

南非駐華武官一家遭陳進興持槍挾持

陳進興選定卓懋祺後，並未立刻尾隨他進屋，而是爬過上了鎖的大門，仔細觀察屋內動靜十多分鐘，看見卓懋祺走上二樓，客廳只剩下一個小女孩後，於是他便穿過一樓專為卓家三隻小貓打開的落地窗，進入屋內。

卓懋祺十二歲的小女兒克莉絲汀（Christine），當時獨自在一樓客廳彈鋼琴，陳進興一進去，就立刻用槍指著她，作勢威脅不准出聲，然後押她上二樓，克莉絲汀雖然驚恐但仍回頭用英語問：「你會開槍射殺我們嗎？」不過，同樣感到緊張不安的陳進興，並沒有回答。

剛回家用過晚餐的卓懋祺和二十二歲的大女兒梅蘭妮（Melanie），當時正在二樓，逗弄友人託他們帶返南非要領養的男嬰小查克，他的太太安妮（Anne）則在一旁用電腦寫郵件告知國外友人，他們準備搬回南非的消息，家人們突然看見克莉絲汀身後跟著一個持槍的粗壯男子，當場都嚇呆了。

卓懋祺見這個陌生人用槍指著小女兒頭部，出現在二樓的嬰兒房時，原本還意會不過來發生什麼事，以爲是惡作劇，因爲在他的經驗裡，「台灣並不是一個暴力充斥的社會，很難相信出事了。」但當克莉絲汀一臉驚懼地告訴他，這名台灣男子就是外頭海報懸賞的要犯時，他才驚覺大事不妙。

陳進興當時跪下，雙手拚命比劃著表明無意傷害他們，陳進興口中不斷說著：「I am sorry!」但一邊拿出手銬，將卓懋祺的雙手反銬在背後，又拿繩子綁住兩個女兒的手，卓懋祺妻子安妮的手本來也被綁住，後來因爲要照顧嬰兒才被鬆綁。

過程中，陳進興緊張地用槍指著小嬰兒，威脅卓懋祺不得抵抗，接著動手綁住卓懋祺與女兒的腳，然後撥打一一〇跟警方報案，並點名要找警政署長丁原進說話。

陳進興打電話找丁原進被警當「瘋子」

當時值班警員回稱：「署長不在這裡，在警政署。」陳進興便反問去電的單位是哪裡，警員回說：「這裡是台北市警局勤務中心。」並詢問：「請問你找丁署長什麼事情？」陳進興聽完說了一聲：「眞囉嗦！」接著警員就聽到電話那頭傳來一連串粗口三字經，最後聽到罵人的男子用台語說：「我是你們要捉的陳進興！」

乍聽到對方自報是「陳進興」，警員一時難以相信，以爲又是醉漢或瘋子的惡作劇電話，警員還提醒不可以開玩笑，會吃上官司，孰料電話那端的陳進興，生氣地說：「我已經挾持外國人當人質了！你們快點叫丁原進來，如果變成國際事件，我可不負責！」講完立刻掛電話，驚覺事態嚴重的警員馬上向上通報，並追查電話的發訊地點。

陳進興在屋內等了幾分鐘，仍然未見到警方人員前來處理，突然抓狂，便要卓懋祺打電話找個懂中文的朋友來跟他溝通。梅蘭妮於是打電話給《中國郵報》（*The China Post*）記者包杰生（Jason Blatt），由會講中文的包杰生去向警方報案。

包杰生報案後，不放心卓懋祺一家人的安危，又隨即打電話到卓家，陳進興告訴包杰生，他綁架外國人做籌碼，並提出要國際媒體採訪、會見妻子張素貞、及板橋地檢署主任檢察官張振興等三項要求。

這時樓下電鈴響起，是一個約好到卓家賣地毯的巴基斯坦商人。在按了好幾聲門鈴沒人回應後，對方就打卓懋祺的行動電話，陳進興將電話交給安妮，安妮便告訴對方他們家被挾持的事，並請他代為通知使館二等祕書巴登先生

（Wouter Badenhorst），當巴登很快地與卓懋祺聯絡時，卓懋祺清楚地告訴他：「陳進興拿槍在我家，可是，不清楚陳進興到底有什麼要求。」

巴登聽完立卽向南非大使報告，也給隔鄰的國防部長蔣仲苓打電話，並請蔣仲苓部長打電話跟警方報案，並拜託他轉告警方，希望警方不要開槍，因爲擔心一開槍，歹徒就可能會殺害人質。南非大使卽刻聯繫外交部和外事警察，展開拯救人質的行動。

陳進興與警方發生激烈槍戰

轄區北投分局接獲市警局通報後，分局長劉基松在晚上七點，率領了五十多名警方人員，趕到行義路一五四巷，並確定挾持地點是二十二號獨棟別墅，並在附近的制高點、攔截點也迅速部署人馬，一邊將武官官邸團團圍住，一邊回報市警局現場狀況。

七點十五分，刑事組長許弘屏親自去按南非駐華武官官邸的門鈴，許弘屏問說：「你是誰？」便聽到屋內的陳進興用台語回答：「阿進仔！」許弘屏又說：「哪一個阿進仔？」陳進興急躁緊張地回嗆：「陳進興啦！怎麼那麼慢才來！」說完就朝外射擊一槍。

許弘屏聽到槍聲後，喊道：「我是北投刑事組長，有事好談，有人質，你不要衝動！」但屋內的陳進興懷疑警方要攻進來，變得很憤怒焦躁。許弘屏繼續說：「我槍放在旁邊，進來跟你談一談，好不好？」不過陳進興卻回：「警察說的話，都是屑話，不可以相信！」

說時遲那時快，陳進興隨即連續對外開槍掃射數十發，還恐嚇：「我要丟手榴彈了！」站在門口的許弘屏聽完，立刻以一個前滾翻逃離門口。門裡門外立刻砰砰砰地槍聲大作，陳進興極盡瘋狂地開槍，屋外的警方也開槍還擊，沒有人知道，下一步會發生何事。

警方在雙方駁火之際，在後埋伏的刑事組刑警黃瓊輝，和維安小組警員戴百勝、許博炫、魏志文、古忠明、楊凌志等六人，從二十四號的圍牆翻進官邸後側，埋伏在廁所和浴室附近。陳進興在屋內則向卓懋祺一家人道歉，解釋自己這樣做是因爲別無選擇。

安妮悄悄從二樓下來時，看到潛入屋內的警員，臉上露出安心的笑容，警方以手勢和簡單英語要安妮畫出屋內地形和陳進興的位置、手中武器和目前情形，安妮按捺著緊張情緒，冷靜地畫出屋內簡圖，並指出陳進興在廚房上方的位置、有兩把手槍，不過安妮又表示，陳進興手中抱有小嬰兒，並不時用槍抵著小嬰兒頸部。

彼時陳進興聽到屋外槍聲大作，更加暴躁憤怒，立即把梅蘭妮拉過來擋在前面當人肉盾牌，由於覺得現場沒有人願意聽他的要求，所以精神愈發不穩定，這種情況也令卓懋祺憂心。因此，卓懋祺在擔心之餘，說服陳進興拿他來代替梅蘭妮。

卓懋祺和陳進興坐在沙發上，陳進興左手拿槍抵著卓懋祺的頭部，右手則持槍對準警方可能攻進來的樓梯方向，整個人就像一隻躁動不安的瘋狗。

當時才處理完高天民自盡案、剛踏進家門的侯友宜，便接到刑大勤務中心值班刑警潘國強的電話：「大座，陳進興在北投行義路，挾持南非大使館人員當人質，並要求談判。」侯友宜聽完愣了一下。

侯友宜立刻要潘國強通知偵四隊長許榮春，率「○四一四」專案人員先趕赴現場，且要副大隊長邱豐光緊急召集特勤中隊長黃國珍，率霹靂小組幹員和他會合，並一起趕赴到北投行義路挾持人質的現場。

大座，槍戰開始了！

侯友宜在往北投行義路途中，又接到潘國強的電話：「大座，槍戰開始了！」侯友宜立刻問道：「人質呢？」潘國強則表示還在屋內，此時，侯友宜急切又緊張地說：「完了！人質會有危險！」還要開車的黃國珍開快點，「不然事情就大條（台語）了！」

八點五分，由北市刑大偵四隊長許榮春、副隊長石明哲所率領的「○四一四」專案小組人員抵達，現場仍籠罩在一陣一陣的槍聲中，北投分局及維安小組警員，要許榮春等人幫忙拿有子彈的彈匣來更換，北投分局更緊急要人回去拿震撼彈，及再補給兩千發子彈。

八點八分，穿著防彈衣的北市刑大隊長侯友宜，帶著大批全副武裝的霹靂小組幹員來到現場，侯友宜立刻問許榮春、石明哲等人狀況如何，知道雖然雙方發生槍戰，但人質目前還算平安時，侯友宜才稍微放下一顆心。

侯友宜隨即拿了一頂防彈頭盔，就走到最前線大聲喊，要北投分局員警和維安小組成員：「不要開槍！人質還沒出來！」就在叫喊聲中，侯友宜的聲音被淹沒在槍聲裡，但是爲了人質的安全，侯友宜接下現場指揮權，並要北投分局、維安小組人員不要再開槍。

由於，除了台北市刑警大隊到達外，刑事局、士林分局、保安大隊、新北市警、「〇四一四」專案小組大批人員陸續抵達，北投分局長劉基松將第一線交給北市刑大特勤中隊霹靂小組幹員、及外勤隊刑警，北投分局退到第三層封鎖線外警戒，維持現場秩序。

八點二十分，警政署長丁原進、北市警局長王進旺、副局長張四良、刑事局長楊子敬、新北市警局長鄭榮進、警政廳長王一飛、最高檢察署檢察長盧仁發、台北地檢署檢察長曾勇夫、板橋地檢署檢察長葉金寶、士林地檢署檢察長林錫堯等，都相繼帶著肩負不同任務的檢察官彭坤業、劉靜婉、謝英民、楊治宇、朱家崎、黃和村、張振興等十四人陸續抵達。

另外，除了檢警高層首長外，由憲兵司令部王詣典率領的憲調組人員，以及外交部次長鄭文華，率領的禮賓司長馮寄台、非洲司長楊進添，和到場關切的南非駐華大使史寇茲（Cornelius Van Niekerk Scholtz）等人，也因應可能面臨的各種語譯狀況，進入臨時前進指揮中心，外交部人員還負有與政府高層聯繫報告最新狀況的任務。

張四良帶著邱豐光，商借官邸對面的兩棟民宅作爲臨時前進指揮所，九點十分，臨時前進指揮中心正式成立，這個有史以來首次跨部會的決策指揮中心，由最高檢察署檢察長盧仁發擔任總指揮官。隨卽侯友宜也打行動電話到官邸，和陳進興進行對話。

你敢殺人質，我進去一定用槍打死你！

侯友宜開口就說：「阿進仔，我知道方保芳命案，人是高天民打死的，你只有性侵婦女，沒殺過人嘛，對不對？」聽到侯友宜這麼說，陳進興回說：「啊！還是你了解我啦！」侯友宜又說：「阿進仔，我知道你逃亡期間犯案，都沒有殺過人，你也不會傷害人質，對不對？」

「當然不會傷害他們。」陳進興回答。不過，陳進興告訴侯友宜，如果警方開槍或是攻進來，害他緊張的話，就不能保證不傷害人質。侯友宜還跟陳進興提到張振興，並說張振興被他害得很慘。

陳進興一聽到侯友宜提到張振興，就表示張振興是被他拖累的，並問侯友宜認不認識，侯友宜回答說張振興就是原本偵辦白曉燕案的板橋地檢署主任檢察官，陳進興說：「我對不起他，害他被冤枉！」侯友宜於是問要不要找張振興來，陳進興馬上說：「好，我欠他一份人情！」

陳進興又跟侯友宜說：「我老婆，是冤枉的，還被刑求。」接著又說：「我要見我老婆。」侯友宜說：「好。」當時雙方談話的內容，都是陳進興最喜歡吃的檳榔、最常騎的機車，還有妻子張素貞和兩個兒子的生活狀況，因爲感覺侯友宜了解自己，又提供一個發洩管道，陳進興因而開始信任侯友宜。

陳進興和侯友宜講了一個多小時，就說要掛電話去喝水，侯友宜趁勢要陳進興釋放人質，陳進興卻回答：「免講啦！」並要侯友宜也去喝水，侯友宜不忘交代：「不要亂來。」陳進興則回答：「開槍的人，是婊子！」

同一時間，丁原進立刻通知台北市緊急醫療小組進駐指揮所，新光醫院副院長黃芳彥，當時是市府緊急醫療顧問，立卽聯絡卓家的家庭醫生，傳眞一家五口病歷，獲悉安妮有氣喘病和高血壓，趕緊調派資深心臟內科醫生與兩輛救護車，備妥相關藥物到現場待命。

而爲避免人質遇害、陳進興自焚或自殺，丁原進也請消防車到場警戒，並在指揮所內布置一個臨時手術房待命。

晚間九點五十分，陳進興聽到了一些不尋常的聲響，以爲門外的警方人員準備要衝進屋內，他一時緊張，先用右手的槍掃射樓梯，當陳進興把左手的槍轉向樓梯時，突然走火射穿卓懋祺的膝蓋，再穿過坐在沙發下的梅蘭妮手腕，射入她的腹部，梅蘭妮淒厲的叫聲，官邸外待命的警方人員聽聞後都緊張了起來。

受到槍傷的卓懋祺大量出血，開始覺得暈眩，連忙呼喚妻子安妮，當時安妮站在房子的另一端，手中抱著嬰兒。安妮見到自己丈夫和女兒受傷，立刻放下男嬰，爬行到躺在沙發上的丈夫身旁，女兒梅蘭妮則躺在地上痛苦哀嚎。

安妮用克莉絲汀的毛衣爲梅蘭妮背部止血，並解下卓懋祺的領帶當止血帶，爲丈夫左大腿止血，官邸內突然傳出槍聲和人質的尖叫聲，讓指揮中心一度以爲陳進興開槍殺害人質，主張調動部隊衝入救人的聲音很大，侯友宜當時心想：「完了，人質掛了！」但仍然大喊：「讓我去看看再說。」沒等長官們回答，就快速衝出指揮中心。

侯友宜當時拿著一部特勤無線電，要求大家不要開槍，接獲命令的市刑大外勤隊長李文章、杜國民、許榮春、呂春長、柯澄財、陳樺文、李天衡、楊哲昌，全站在第一線拿著無線電，跟著侯友宜叫著：「不要開槍！不要開槍！」但現場仍此起彼落喊著：「衝啊！攻啊！」肅殺氣氛相當濃厚。

侯友宜焦急地在樓下大叫：「阿進，阿進，我是侯大，發生什麼事？」接著嗆說：「你敢殺人質，我進去一定用槍打死你！」更怒罵：「開槍殺人質，你這樣算是查埔（台語指男人）？」陳進興則回答：「槍枝走火啦！快點叫護士進來救人！」侯友宜說：「護士誰敢進去？」陳進興說：「那你進來！」

侯友宜獨自進屋搶救兩名受傷人質

就在此時，侯友宜內心亦陷入激烈的掙扎，因爲陳進興極有可能也把自己擄爲人質，但此時又不能讓屋內受傷的人質坐以待斃。侯友宜暗自做了最壞打算，心想如果陳進興把自己當人質，下跪也得要求他，用自己來換出兩個受傷的人質。

爲了爭取時效，侯友宜不顧身後長官反對的聲音，立刻要一旁的警察千萬不要輕舉妄動，再打破落地窗、匍匐進入屋內，一邊對著陳進興喊說：「我要上來了，我沒帶武器。」然後高舉雙手上樓。

侯友宜從一樓跑上二樓，看見陳進興雙手各持一把連發的克拉克手槍，更發現到陳進興沒有穿防彈衣。在黑暗中，侯友宜看了卓懋祺和梅蘭妮一眼，及兩人所躺的地上有大灘血跡，很快判斷出他們兩人必須馬上送醫救治。

陳進興看到侯友宜幾乎是直奔到自己的面前，露出驚訝的表情，一邊說：「你很有膽量。」一邊來回地對侯友宜搜身，突然間，陳進興摸到了侯友宜褲子口袋有鼓鼓的東西，頓時大怒，用槍指著侯友宜的腹部。

侯友宜會意到陳進興以爲他口袋中是槍，趕緊說：「三八兄弟，那是行動電話，不要那麼緊張好不好，放輕鬆點。」陳進興用槍指著小嬰兒的頭，要侯友宜把口袋裡的東西拿出來，一見到是行動電話，便不再抓狂，這才化解了一場虛驚。

侯友宜徵得陳進興同意後，先蹲下來替梅蘭妮鬆綁，血一直滴在繩子上，綁得很緊，很難解，陳進興則在一旁跟侯友宜解釋：「剛才一陣大風吹過，還有一隻貓跳出來，我以爲是警察衝進來，太緊張，槍枝走火，才傷到人。」侯友宜再次安撫陳進興，要他別緊張，放輕鬆點。

侯友宜怕自己在裡邊待太久，會引起屋外同仁誤會自己遭到挾持，然後大舉攻了進來，因此，先對屋外大喊：「我要帶受傷人質出來了！」卓懋祺的雙手仍被銬在背後，腳上又中彈，侯友宜先扶起卓懋祺，半拖半抱地將他帶下樓，從窗戶把人交給其他在外的警員。

襯衫被卓懋祺鮮血浸濕的侯友宜，在救出卓懋祺後，又立刻跑回二樓，把受傷痛得大叫的梅蘭妮抱了起來，離去前，侯友宜跟陳進興說：「還有小嬰兒和小女孩。」陳進興說：「囉嗦啦，不行！」侯友宜怕激怒陳進興，就抱著梅蘭妮趕快出去，讓等在外面的救護車，趕緊將傷勢嚴重的梅蘭妮送醫急救。

梅蘭妮被救出來後，因爲採訪的媒體記者把通道擠得水泄不通，她痛苦的喊叫聲越來越大，偵四隊長許榮春、副隊長石明哲、刑警范鈺森等人，聽到連忙擠開人群，推著梅蘭妮的擔架跑了兩百多公尺，才把她送上救護車，對於媒體記者阻擋女兒梅蘭妮的救護工作，卓懋祺生氣地大罵在場記者，現場陷入一片混亂。

小女孩畫愛心圖給陳進興：「上帝愛你」

警方將兩名受傷的人質送往榮民總醫院急救後，侯友宜回到指揮中心向各級長官報告交涉經過，和陳進興在屋中挾持人質的現場狀況、陳進興火力、裝備等，對於可能將面臨的攻堅部署，也做了一番討論。

晚上十點三十五分，爲避免第四台現場實況轉播洩漏警方的部署，警方請人切斷官邸的第四台天線。屋外的特勤人員、便衣刑警都陸續就新攻堅位置。不久，警方接獲「以人質爲重」的上級指示後，就沒有更進一步的攻堅行動。

在僵持的夜晚，屋內緊張的氣氛也緩和下來，克莉絲汀問陳進興，她可不可以畫畫，陳進興回：「OK OK！」克莉絲汀畫了一個大十字架，沿著十字架畫了一個愛心圖，她在十字架上寫了「I LOVE GOD」又在下面寫了一小段「上帝愛你」的祈禱文，然後送給陳進興。

上帝是誰，其實陳進興根本不認識，但因爲是小女孩畫給他的愛心圖，所以他也直覺認爲「上帝是好人」。

電視台記者輪流CALL-IN 陳進興聊「心內話」

至於把兩名受傷人質救出的侯友宜，從晚上十點四十五分，拿起行動電話要跟陳進興談其他三名人質釋放的問題，不料，媒體記者居然透過管道取得官邸電話，還當場與陳進興聊了起來。

從凌晨十二點開始，侯友宜發現陳進興的電話一直在佔線，怎麼也打不通，急得像熱鍋上的螞蟻，口中直抱怨：「到底是誰在辦案？」

侯友宜原本一度希望能切斷官邸對外的一切通訊，但又怕激怒陳進興，所以只好任由媒體繼續CALL-IN下去，後有媒體記者請陳進興唱〈兩隻老虎〉給兒子聽，並直接問陳進興：「什麼時候要自殺？」這些莫名與尖銳的問題，讓陳進興非常氣憤，大罵三字經。

警方發現陳進興動怒，恐危害到屋內人質安全，便立刻把官邸的電話線切斷，但又怕與陳進興失去聯絡，因此交給他一支行動電話使用，不料，那支行動電話，仍又成爲了媒體記者採訪陳進興的專線。

在指揮中心的侯友宜，爲保持與陳進興的聯絡，一支接一支的行動電話換給陳進興，換了多達三支以上的行動電話，以作爲彼此聯絡的通訊工具，但仍還是阻擋不了媒體瘋狂的 CALL-IN 秀。迫於無奈，指揮中心只好央請新聞局出面，要求各媒體「一定要自制」，千萬不要惹毛陳進興。

陳進興接受台視訪問的同時，警方已用直升機把張素貞從台北看守所載到行義路現場指揮中心，想到要見著好久不見的亡命丈夫，張素眞的內心久久無法平復，情緒相當激動。尤其當久別重逢的兩個兒子和老邁的母親出現在眼前，張素貞立刻衝上前緊緊抱住兒子和母親痛哭，根本無法言語。

張素貞和檢警高層一起守著電視，聽著丈夫吐露所有眞相的內心話，兩個兒子則因看到電視上打出的陳進興照片，數度高興地爬到電視機前，邊撫摸著畫面邊叫著爸爸，看到兒子對著電視上的照片喊爸爸時，張素眞的心都碎了，不時低頭飲泣。

陳進興受訪時，感慨地說出他和妻子「緣已盡」、「相見不如不見」等話時，在指揮中心裡的張素貞簡直完全崩潰，一度想要撞牆自殺，幸好有當時協助警方與張素貞溝通的友人「陳太太」在旁勸導和安撫。而在中途插播白冰冰駁斥陳進興說詞的受訪畫面，張素眞臉上開始露出不屑表情，情緒大轉彎，卻也叫旁人摸不透她究竟是怎樣的一個女人。

十九日凌晨近兩點，安妮累了，她想回三樓房間睡覺，要女兒克莉絲汀去問陳進興可不可以。而正和台視記者戴忠仁做熱線通話的陳進興，乾脆請戴忠仁充任翻譯，稱母女兩人一定要有一人在他的視線範圍內，安妮不放心小女兒獨自在二樓，所以就坐在沙發上休息，因此安妮母女幾乎一夜未眠，只閉目了一小時，亢奮的陳進興則輪流和各台記者通電話，說得口沫橫飛。

淸晨五點許，侯友宜見官邸電話被媒體佔線五個多鐘頭，嚴重影響警方預定淸晨談話的計畫，爲此再對陳進興喊話：「你上電視，大打知名度，如果再接受訪問，正事不辦，那我也不管這件事了。」陳進興一聽到侯友宜說不管，立刻說：「好啦，好啦，那我把電話拿起來好了。」

侯友宜與陳進興復話要他釋放人質

侯友宜再打電話進去時，陳進興叫侯友宜一定要幫忙。侯友宜說：「幫你可以，但你要保證絕對不傷害人質，而且儘快釋放他們。」陳進興聽完承諾中午釋放所有人質。

由於，電視台一再地專訪陳進興，同樣的問題問了好幾遍，甚至有挑釁的問題和言詞出現，不但挑起陳進興的情緒，也讓檢警人員捏了把冷汗，正在和陳進興講話的侯友宜，也沒把握是否能穩得住陳進興的情緒，指揮中心擔心陳進興恐與人質同歸於盡，所有的維安特勤員警都再度戒備。

陳進興跟侯友宜提到張素貞等人被刑求經過，要求對偵辦人員測謊，並問侯友宜：「叫誰測謊比較公正？」侯友宜回說：「叫美國、英國人都可以，但在這種情況下，就算測謊結果對你有利，外界也會說是因爲你挾持人質，我們談條件互相妥協造假，那有用嗎？」陳進興於是說：「那算了，但是你要幫我想辦法救我太太。」

侯友宜問陳進興：「找誰幫你忙？」陳進興反問：「你們那裡誰最大？」侯友宜說：「部長最大。」陳進興又問：「哪一個部長？」侯友宜說：「就是法務部長廖正豪。」陳進興搖頭說：「不行，不行，那個人，太正啦，我又不是自找死路。」

侯友宜又說：「那總長好了。」陳進興說：「也可以，隨便。」侯友宜又說：「不然，找檢察長葉金寶。」陳進興說：「電視上看到的名字不是他。」侯友宜解釋：「偵辦白案的檢察長林偕得已經調走，現在換葉金寶當檢察長。」陳進興不太相信地說：「原來是這樣子，可以啦！」

陳進興接著問侯友宜：「張振興，你認識的，他跟你一樣都是好人，但是他跟我沒關係，卻被我害到，說我跟他是親戚，我是快死的人，欠他人情總不好，找他來，你看怎麼樣？」侯友宜說：「好啦！張振興主任檢察官就在這裡，他要跟你講話。」

張振興笑酸陳進興可以選議員了！

張振興接過電話開口就說：「阿進仔，不要胡亂來！」陳進興說：「對不起，拖累你。」又問：「現在的檢察長眞的是葉金寶？」張振興生氣地說：「當然是，不要胡亂講話。」

隨即張振興口氣一變，開玩笑地跟陳進興說：「照片貼滿街都可以選議員了！」電話那頭的陳進興頻頻說：「不好意思啦。」

張振興告訴陳進興：「要不要跟兒子說說話，你在電視上唱的〈兩隻老虎〉，他們都聽到了，還跟著你一起唱。」張振興繼續說：「大的，剛才睡覺還一直叫爸爸、爸爸。」陳進興聽完沉默不語。張振興又問要不要跟兒子說幾句話，陳進興回說：「好。」

張振興便把電話拿給陳進興的兩個兒子，陳進興突然聽到電話那頭傳來自己想念很久的兒子聲音，喚著：「爸爸、爸爸，我好想念你！」又問：「爸爸，你什麼時候回家？」電話那頭的陳進興沒有說話。

接著才聽到陳進興跟兒子哈拉一陣，便問兒子：「乖不乖？有無聽話？」大兒子說：「我在家一直很乖，但弟弟不乖，你要趕快回來，管教弟弟。」陳進興說：「我會回來看你們。」講完就掛斷了電話。

十九日早晨七點，克莉絲汀下樓到車上拿父親的行動電話，曾彎腰扭身到車庫門縫下告訴警察：「不要開槍。」警方希望她趁機逃出來，但克莉絲汀卻說：「我不會離開我的母親。」接著又走回屋內。

陳進興點名「他們」進屋做筆錄

由於陳進興點名叫葉金寶、張振興和侯友宜三個人進入官邸問筆錄，爲了這樣做，究竟適法不適法，檢察官在嫌犯槍口下製作而成的筆錄，恐會引發很大的爭議，爲此當時在指揮中心的檢警高層人員都密切討論著。

由於多數檢察官認爲不宜，經由討論後改採折衷的方式，那就是使用電話問筆錄，然後再拿進去給陳進興觀看及按指紋，侯友宜以電話再度和陳進興溝通後，獲得首肯。

七點二十分，張振興開始對陳進興製作長達兩個半小時的電話筆錄，陳進興講述張素貞、張志輝遭刑求，和強調白曉燕案是他與林春生、高天民所做，沒有第四名參與者。陳進興再次承諾，只要張振興針對他所提出的疑點進行調查，就會釋放人質。

九點十分，陳進興讓安妮抱著男嬰在窗口露面，確定人質安全。九點五十分，張振興終於完成筆錄，這也是我國治安史上第一份電話製作的筆錄。指揮中心認爲訊問合法，問題是要找誰送筆錄給陳進興檢閱簽名、按印。

在電話中，陳進興點名叫張素貞送進來，侯友宜提出要求說：「進去一個，就換一個人質出來。」陳進興答應。

十點四十分，張素貞和陳太太帶著筆錄、三明治、錄音機進入官邸，並要以因果循環的佛理規勸陳進興投案，且要陳進興看完修正筆錄後簽名並蓋手印。警方也在此時，請人接上官邸的第四台天線，好方便後續與陳進興互動。

陳進興當時從窗戶看到，侯友宜帶著自己的老婆張素貞，與一名不認識的中年婦女一起要進入官邸，陳進興立刻對侯友宜喊：「不要讓那個女警進來！」侯友宜說：「她不是女警，是你老婆的朋友。」張素貞接著說：「她就是我信中說的貴人。」

張素貞見陳進興沒說話，便向陳進興喊話：「我是你的老婆，我不會害你，我有帶筆紙及錄音機，你有什麼不滿可以向我說，他們一定會處理。」隨即張素貞和陳太太就這樣步上階梯，走進屋內。

張素貞和陳太太進入屋子後，陳太太第一眼看見的是，安妮坐在沙發椅上，克莉絲汀坐在地毯上，小嬰兒就躺在她倆之間的地毯上，睡得香甜。陳進興則是雙手雙槍，半跪著，右手的槍就放在沙發手把上，扣著扳機。

張素貞一見到丈夫，立刻靠過去，哭了出來，陳進興眼眶也紅了。很快地張素貞看到小嬰兒，她抱起嬰兒輕輕搖著，一邊介紹了身旁的陳太太，並說：「等一下，這小嬰孩我要把他抱出去。」陳進興馬上說：「沒有問題，當然可以！這是應該的！」

張素貞立刻要求安妮準備奶粉、尿片，陳太太也用英文告訴安妮：「小嬰孩可以出去了。」並把張素貞的話翻譯成英文告訴安妮，而陳進興則很訝異地問一旁的陳太太：「妳也會說英文？」在這段時間內，陳進興仍然手持雙槍，眼神銳利地監視四周動靜，但室內氣氛已較之前和緩了許多。

陳進興和張素貞見面，兩人談了近一個小時後，約十一點四十五分，陳進興將自己的要求寫在紙上並錄音，交給妻子張素貞，再由張素貞交給侯友宜。陳進興當時要求在電視上看到檢警聯合發表聲明，保證會調查白案疑點及張素貞等被刑求的事。

就在侯友宜接過紙和錄音機，張素貞突然又將七個月大的男嬰抱給侯友宜，只見侯友宜小心翼翼地接過嬰兒後，將嬰兒帶回到指揮所，此時，剛好是十一點四十八分。

侯友宜手抱男嬰走出「人質挾持事件」現場

當侯友宜抱出男嬰時，陳進興對侯友宜使了個眼神，並說：「Bye-bye!」侯友宜抱著男嬰一路走出人質挾持現場，留下溫馨的歷史鏡頭。

很快地，侯友宜回到挾持人質現場的階梯，並向屋內的陳進興大喊：「阿進仔，趕快打開第四台看！」中午時分，維安特勤小組撤離，官邸周圍則由台北市刑警大隊外勤隊刑警和特勤中隊霹靂小組幹員繼續戒備。

十二點五分，葉金寶、張振興、侯友宜立刻召開記者會，承諾調查陳進興提出的疑點，不過，陳進興因爲只看到侯友宜在講話，沒有看見檢察長葉金寶和主任檢察官張振興，拿起電話打到指揮中心大罵「不守信用」，當時在指揮中心的檢警人員被陳進興罵得一頭霧水。

侯友宜獲悉後，不高興地去電問陳進興：「爲什麼胡亂罵人？」陳進興說：「怎麼只有你在跟記者講話，怎麼沒有檢察長葉金寶？」此時侯友宜才終於弄清楚陳進興飆罵的原因，他告訴陳進興：「十二點三十分的午間新聞，一定可以看到我們三個人一起開記者會的畫面，也可以看到檢察長葉金寶的談話。」陳進興則回覆：「好，我看了再說。」

時間接近一點時，侯友宜打電話給陳進興詢問：「有看到葉檢察長的談話了嗎？」陳進興回答看到了，侯友宜接著又問：「應該釋放人質了吧？」陳進興語氣肯定地說：「好，我會釋放人質。」

隨後陳進興又告訴侯友宜：「我考慮下午四點選擇『吉時』自殺或投案，希望大家不要再打擾我，讓我冷靜思考。」指揮中心人員此時才稍稍放下心。

官邸外的警方人員因爲陳進興表示下午四點會做出了結，所以警方人員就在封鎖線內四處巡視，現場進入漫長的等待時刻。

而在官邸內的陳進興、張素貞夫婦和陳太太、安妮圍坐在地毯上聊談，安妮告訴陳太太，兩個星期前，她的父親剛過世，想不到現在她的母親又要失去她這個女兒。陳太太翻譯這句話給陳進興聽，陳進興聽後，立刻向安妮道歉。

克莉絲汀開始跑上跑下，沙發搬來搬去到處找彈殼給陳太太，只要跑出陳進興的視線，陳進興便會叫克莉絲汀，撿了七十多顆彈殼的克莉絲汀很高興，陳太太笑著對她說：「現在這些都是妳的玩具了。」克莉絲汀笑得很開心，而女主人安妮卻幾乎累垮了，張素貞見狀還幫安妮做全身按摩。

下午一點五十分，陳進興對張素貞說：「老婆！很抱歉！我能為妳做的就是這樣了，我沒錢為妳請辯護律師，也沒有人敢接妳的案子。」張素貞則回答：「不是說謝長廷律師願意為我做義務辯護律師嗎？只要你敢投案，他就會站出來。」而就是那麼巧，電視鏡頭剛好播出謝長廷稍早到現場附近受訪的鏡頭。

陳進興點名要見謝長廷

陳進興看見後突然一臉興奮，大聲說：「我要找他進來！」並要張素貞拿起電話打回指揮所告知：「陳進興要謝長廷律師進屋談一談。」陳進興接過電話說：「我要見謝長廷律師，讓他進屋來。」

陳進興還向電話那頭強調：「你們叫謝律師不用怕，不用穿防彈衣。」他說：「我不會傷害謝律師，我要請他幫忙。」可是在指揮所的檢警高層人員認為不妥，沒有答應，氣氛變得很僵。

當時丁原進跟陳進興說：「讓你們用電話交談。」陳進興聽完便生氣地掛斷電話，並把地毯上的子彈匣快速放回背心的口袋內，雙手把兩把手槍又拿了起來，並且站了起來，一臉肅殺，嘴裡不停咒罵著。

後來謝長廷還是被請到指揮所，並用電話和陳進興對話，藉以安撫他的情緒，陳進興跟謝長廷說：「我『牽手』是冤枉的，她遭到刑求，你要幫她申冤。」謝長廷回答：「把你老婆的冤屈，說給我聽。」謝長廷發現陳進興的情緒變得很激動，便在電話中一直安撫。

在此同時，一旁的陳太太見到陳進興拿起槍來，做出要拚命的樣子，趕緊拿起電話找丁署長，陳太太說：「署長，請讓謝律師進來！」丁原進憂心地問：「安全嗎？」陳太太說：「沒問題。」丁原進考慮了一下，就對陳太太說了一句話：「我相信妳！」

謝長廷進屋接受陳進興、張素貞任委託律師

至於陳進興跟謝長廷這方面，在陳進興講了許多張素貞被冤枉的事後，謝長廷說：「我們還是當面講，會說得比較清楚。」

下午二點三十六分，謝長廷在侯友宜的陪同下，第一次進入官邸和陳進興對話。爲了維護謝長廷的安全，侯友宜帶人站在落地窗前的樓梯死角，密切注意屋內的動靜。

當謝長廷一進門，陳進興看到便說：「謝律師，謝謝！」而陳進興的槍，卻指著坐在通往二樓樓梯旁小桌子上的安妮，謝長廷見狀就跟陳進興說：「你槍要先放下來。」

謝長廷背對沙發坐在地毯上，陳進興則坐在謝長廷的前面，張素貞坐在謝長

廷左手邊，地上放著錄音機。謝長廷告訴仍坐在小桌子上的安妮說：「給我一點時間，我會勸他放了你們母女。」安妮對謝長廷點了點頭。

謝長廷告訴陳進興：「沒錢沒關係，我義務幫你，但你心裡要清楚明白，你的罪是一定難免一死的。」陳進興回答：「我知道，我知道，我只是爲了討個公道，我老婆他們是被刑求的……」說到刑求，陳進興就顯得激動，手也很自然朝著大腿旁的槍摸去。

「阿進仔！阿進仔！不要激動。」張素貞見狀連忙在一旁安慰，謝長廷拍拍陳進興的肩膀，要他冷靜下來，還說：「不可以衝動，有話好好說。」謝長廷感覺氣氛不對，立刻轉移話題，講起過去他和妻子面對官司的種種，「我是以法律來保護我太太，你不要只知道拿槍來保護你太太。」

謝長廷對陳進興說：「你相信法律嗎？」陳進興先搖頭後點點頭，謝長廷又說：「出面用法律保護你的老婆。」還強調：「你只有活著，才能救你老婆。」

陳進興於是要張素貞陳述被刑求的經過給謝長廷聽，張素貞講到自己因爲不認罪，竟被脫光衣服坐冰塊等事，第一次聽到自己妻子遭到如此不人道刑求逼供的陳進興，當場抓狂失控，拿起了槍作勢要往外面衝，謝長廷此時趕快又拍拍陳進興的肩膀，要他別衝動、冷靜一點，陳進興便跪下捶地大罵：「不是人！」

「這樣好了，我看我們打電話給電視媒體好了，向媒體說你老婆被刑求的事，好不好？」陳進興一聽謝長廷這樣建議，馬上說：「好！」謝長廷就將身上有的電視台聯絡電話拿出來給陳進興，但跟記者接通電話後，陳進興在說完：「不可以因爲我做壞事，就刑求我老婆……」隨卽支支吾吾講不出來，便將電話交給妻子，要張素貞自己跟記者說。

張素貞當時向記者描述：「我被刑求，我真的被刑求，他們脫光我的衣服，逼我坐冰塊，還用水一直潑我、潑我……」張素貞又低泣地說：「人在做，天在看！」但此時電話突然被切斷，這個狀況引起陳進興的極度不滿，當場破口大罵五字經。

謝長廷眼見陳進興雙眼突然目露凶光，放在地上的槍又拿了起來，立刻跟陳進興講：「沒關係，我出去幫你開記者會，告訴記者，你老婆被刑求的事情，你說好不好？」陳進興聽到這番話，立刻回答說：「好。」

謝長廷又跟陳進興說：「讓我帶一名人質出去，人家才會相信我說的話，你老婆被刑求的事，我也才有本錢要求警察怎麼做。」陳進興二話不說地回答：「沒問題！不過，我要在電視上，看到檢察長葉金寶保證會調查我老婆被刑求逼供的事。」謝長廷回說：「好的。」

謝長廷就問安妮：「妳們誰要先出去呢？」安妮就去叫醒在沙發上睡覺的女兒克莉絲汀，並告訴她：「可以出去了。」克莉絲汀揉揉眼睛問：「那媽媽呢？」謝長廷看著陳進興，張素貞也望向自己的老公，陳進興隨即說：「半小時後。」克莉絲汀聽了很高興地說：「我要上樓換一件衣服。」陳進興聽了並沒有阻止。

十二歲小女孩平安獲釋

下午四點三十一分，謝長廷帶著被陳進興釋放的人質克莉絲汀出來。由於大門都是彈孔，隨時可能倒下來壓到人，兩人都是爬窗口出來的。

克莉絲汀出來後，立刻被張四良、侯友宜、邱豐光和外交部人員，以專車送到榮總和父親、姊姊見面，並由醫生為她進行健康狀況的檢查。

彼時還在屋內的陳進興，緊緊抱著張素貞直說：「對不起……」陳太太則不時在旁開導：「有生就有死，生命是輪迴的，今生對不起阿貞的人都會受到報應的，放心啦……」

在此同時，謝長廷和盧仁發、葉金寶、丁原進、楊子敬、侯友宜等人溝通，並表示陳進興要求檢察長葉金寶公開承諾，會重新調查張素貞遭刑求案，讓他們有個公開審判的空間後，便會釋放最後一名人質。

三分鐘後，謝長廷和葉金寶共同召開記者會。

謝長廷說：「陳進興非常介意妻子張素貞被刑求的事，如果因爲陳進興對不起社會，就刑求他的太太，那他什麼事都能亂做了。」葉金寶也公開宣示，「保證一定會重新調查」，謝長廷隨後指出，陳進興再考慮半小時或一小時，就會出面投案。

監委葉耀鵬進屋接受陳進興、張素貞陳情查刑求

下午四點五十四分，監察委員葉耀鵬受謝長廷邀請，前來挾持人質的現場，因爲謝長廷認爲張素貞所講述的刑求經過非常具體，且案情相當重大。

因此謝長廷商請監委葉耀鵬來一起聽，並協助調查張素貞被刑求逼供案件，爲此謝長廷帶著葉耀鵬二度進入官邸和陳進興見面，並接受陳進興的陳情。

陳進興、張素貞夫婦起初並不認識監察委員葉耀鵬，經過謝長廷介紹，陳進興夫婦倆立刻跪下磕頭，請求葉耀鵬務必幫忙。陳進興一邊磕頭，一邊跟葉耀鵬說：「張素貞是冤枉的，張素貞被刑求。」還懇求：「請你救救張素貞，我老婆，她是眞的不知情！」

葉耀鵬要張素貞把被刑求的經過，和什麼人刑求她的事，仔仔細細地說清楚，張素貞哭著說：「他們叫我把全身衣服脫光，逼我坐冰塊，然後潑水、不斷潑水，要我承認知情……」葉耀鵬聽後相當震驚，繼續問：「有證據嗎？」張素貞則回說：「看守所有驗傷單。」

陳進興再次聽到妻子張素貞講述被刑求的經過，情緒又高亢了起來，謝、葉兩人一看，趕緊安撫陳進興說：「你死了，誰替張素貞他們提出有利的證據？」並不斷地用手輕拍陳進興的肩膀，陳進興緩了一下才總算平靜下來。

謝長廷和葉耀鵬都勸陳進興要勇敢面對社會，葉耀鵬說：「如果你想要幫妻子討回公道，你自己就應該先還社會公道。」陳進興見謝長廷、葉耀鵬都答應幫忙，救自己的妻子張素貞，跪著向他們不停道謝。

之後陳進興表示：「我要打電話給我阿母辭別。」在電話中，陳進興向母親說：「對不起，給你們失面子，我要先走一步。」電話那頭傳來母親的不捨泣訴：「進仔，別這樣做！進仔，別這樣做！」陳進興聽完自己也哭了，在匆匆和母親說聲再見後，就掛斷了電話。

看見陳進興一直用槍對著自己的下巴，安妮用簡單的國語勸說：「你、太太，你孩子，他們、愛你。」怕陳進興聽不懂她的話，還用手勢比著脖子劃了一下，說：「No！你不要這麼做（自殺）。」

謝長廷就拉著葉耀鵬往屋外走，並說：「你們夫妻兩人好好商量。」陳進興見狀就對謝長廷說：「順便把這個（兩把手槍）交出去吧！」陳進興自己則留了一把手槍，最後一名人質安妮還在現場，此時已經是傍晚五點十六分。

整件挾持人質案至此，已即將進入尾聲，官邸外面的警方人員都在猜：陳進興會自殺？還是棄械投案？當時有警員說，管他答案是什麼，反正快可以結束勤務回家了，下午五點四十八分，張素貞傳話給警方，確定陳進興要棄械投降，警方當時總算放下心中的巨石。

而陳進興棄械前，謝長廷讓他們夫妻話別，在兩人獨處的這十五分鐘，陳進興和張素貞一直在講話，安妮則站在另一角落，不願打擾這對可能是最後一次相處的夫妻。

六點過去了，七點也過去了，後來還說要再延十五分鐘，在指揮中心的檢警人員和謝長廷等人，都擔心拖下去恐會有其他變化，等得十分心驚又焦慮，可又不敢催促陳進興，只得繼續地等下去。

晚間七點三分，陳進興接受李濤的電視專訪時說：「我決定出去，對國家社會做一個交代！」表示願意接受國法的制裁，他還說：「我向全國民眾道歉！」然而陳進興雖承諾：「我決定七點三十分會出去。」但是七點三十分到了，陳進興又延至七點五十分，最後陳進興要侯友宜七點四十五分進屋，接受他的投降。

陳進興把最後一把槍交給侯友宜

漫長的等待終於結束，晚上七點四十五分，侯友宜、謝長廷進入官邸後，陳進興就主動把身上的最後一把手槍、和百餘發子彈交給侯友宜。

侯友宜隨即拿出手銬說：「這是程序。」陳進興回覆：「我知道。」侯友宜接著說：「你自己上手銬吧！」陳進興則答：「還是你來吧！」於是侯友宜就替陳進興銬上手銬。

雙手被上銬的陳進興，當時仍被妻子張素貞緊緊拉著，陳進興對著侯友宜說：「眞的很感謝你！」還表示：「沒想到你昨晚居然還敢進來！」陳進興夫妻倆也對安妮一直鞠躬，陳進興並下跪，掉著眼淚用生澀英語向安妮說：「I am sorry! Thank You!」

最後陳進興在妻子張素貞、侯友宜、謝長廷、陳太太及最後一名人質安妮的陪同下，於七點五十四分終於步出官邸。

當銬著手銬的陳進興漸漸步下階梯，頓時一陣陣鎂光燈紛紛在夜空中閃爍，一旁久候的上百名媒體記者更是一擁而上，但仍無法接近重重警察護衛下的陳進興。

警車隨即載走了陳進興，現場掀起一陣民眾鼓掌叫好的歡呼聲，陳進興的妻子張素貞也被警車送回台北看守所，和丈夫陳進興分開前，張素貞還哭著說：「阿進仔！我想再牽一次你的手！」這起歷經二十四小時驚心動魄的人質挾持事件，最後竟如此戲劇性地和平落幕了。

侯友宜的勇氣與溫暖

勇敢無懼

侯友宜不顧性命，進入「挾持人質事件」的南非武官官邸，並救出受傷的人質送醫治療，侯友宜手抱小男嬰一幕，讓全台觀衆動容，侯友宜又回去繼續注意謝長廷的安全。救人及關心人，是沒有黨派和顏色的。

2-8 三一九槍擊案

二〇〇四年，台灣總統大選發生震驚全國的「三一九槍擊案」，如今，當年擔任刑事警察局長參與調查的新北市長侯友宜，於二〇二三年代表國民黨角逐二〇二四年的總統大位。十九年過去了，三一九案就像是背後靈般地始終緊纏著侯友宜。不過侯友宜面對質疑，迄今都以堅定的語氣說：「相關資料證據都還在，歡迎各界用專業科學去檢驗。」

二〇二三年六月中，當年三一九槍擊案最大的「被害者」前副總統連戰、國民黨副主席連勝文父子，與侯友宜進行密會，當「三人同框照」曝光後，連家父子表態挺侯友宜，並喊話藍軍團結，爲了下一代，要保國家和平，「這一仗，國民黨一定要贏！」藍營各界對於連戰放下過去與侯友宜大和解，給予高度肯定。

至於，三一九槍擊案的關鍵人物、槍彈製造者唐守義，自二〇一九年七月假釋出獄後，除積極參與宗教團體的愛心公益活動外，生活也相當低調。卻在二〇二三年初，三一九槍擊案十九週年前夕，唐守義突然現身YouTube頻道「J爸」的網路節目，公開坦承當年爲錢錄製了假的四分鐘半「爆料翻供光碟」，更自稱已跟前總統陳水扁道歉，強調陳水扁非自導自演，唐守義說：「槍彈是我製造的。」

唐守義指出，當時是因爲拿了一名陳姓商人的一百萬元台幣，才會在二〇一二年潛逃大陸時，錄製假的爆料光碟，謊稱警方刑求逼供，及陳水扁中彈痕跡，不是他製造的槍彈所爲，還有已死亡的槍手陳義雄並未在開槍熱區出現過，他與陳義雄都是「替死鬼」，陳水扁是自導自演等說法都是謊言。

三一九案的製槍人唐守義現身，推翻之前他錄製的爆料光碟內容，讓這起歷史重案，再度受到關注！

三一九槍擊案的發生過程

將時序拉回二〇〇四年三月十九日，三一九槍擊案發生的當天，爭取連任的民進黨籍總統的陳水扁、副總統呂秀蓮，在民進黨的大票倉台南市金華路上掃街拜票時，突然遭人槍擊受傷。

當天下午一點四十五分，陳水扁、呂秀蓮站在紅色吉普車上，車行經台南市金華路三段、永華路口道路、車速僅二十公里，兩旁群眾正在瘋狂燃放鞭炮，大聲吶喊迎接陳水扁、呂秀蓮。

當時陳水扁站在吉普車右後座，呂秀蓮則站在左後座，兩人身後各站了一名特勤人員，侍衛長陳再福則在前方副駕駛座。沿途鞭炮聲及民眾歡呼聲不斷，尤其在正義公園附近，鞭炮聲更是震耳欲聾，此起彼落。

突然，在劈里啪啦鞭炮聲響及群眾歡呼聲中，陳水扁與呂秀蓮忽然發現不對勁，隨扈這才發現總統、副總統受傷了。而陳再福曾在現場用手機講話，日後也被質疑是「神祕的最後一通電話」。

陳再福的這一通電話，遭到外界嚴重質疑「有鬼」，不過，警方專案追查後發現，陳再福當時是在幫陳水扁訂購要帶回台北的碗粿，與案情無關。

其實，在總統、副總統維安規劃中，若是總統、副總統競選行程中發生突發狀況，就送醫部分，有三條遠中近程路線，目的都是保護正副元首人身及性命安全，並達到緊急就醫目的地。

因此，當時陳水扁的腹部與呂秀蓮的膝蓋疑似遭子彈擊中。就是按照原規劃的「緊急醫療第三路線」，將陳呂二人送往離事發地點五點八公里外的台南縣永康奇美醫院治療。

總統在競選掃街過程中，竟在民進黨的大票倉台南市受傷，同時還被緊急送醫的消息，快速傳回台北，引起全國震驚！

據了解，當地台南警方也有出動警局人員前導及道路兩邊維護交通的警力，且警方人員更必須隨時將狀況回報警察局勤務中心，但是，案發第一時間，這些警方執勤人員也搞不清楚發生什麼狀況，可用一個「亂」字形容。

各媒體均有派記者隨行跑總統及副總統競選行程，但他們第一時間報回台北的版本有被鞭炮嚇到、沒受傷，也有被鞭炮炸傷，還有被人開槍受傷等等衆多版本。此紛亂的訊息，讓台北、台南兩地記者更是忙翻了。

剛開始消息不明確，但三十分鐘後，媒體報導內容轉爲一致，那就是總統被槍擊受傷，已經送往奇美醫院急救。而總統受傷消息透過電視「跑馬燈」立卽傳遍全台。

雖然，事後警方調查，凶手共開了兩槍，其中一顆子彈穿過擋風玻璃後擊中副總統呂秀蓮膝蓋，另一顆擦過總統陳水扁腹部，是「一槍兩彈」，兩人無性命之虞，但投票已結束，陳呂也以三萬餘票連任成功，讓連宋吃了敗仗，從此種下藍綠難解之仇。

雖然，檢警單位案發後，立刻啟動偵辦三一九槍擊案，追查兩顆子彈來源及槍手等動作，並邀請國際刑事鑑識專家李昌鈺與三名美國刑事和彈道專家來台辦案，查看陳水扁傷口，但是各種謠言口水滿天飛，全面佔據當年媒體版面，可說是選舉史上超級大事。

侯友宜要辦三一九案刑警「沒破案不要回來」

台南市警察局與刑事警察局偵一隊，在三一九槍擊案發生後，組成「〇三一九」聯合專案，負責偵辦總統、副總統在台南市金華街進行競選行程時遭槍擊受傷的重大刑事案件，涉及國家正副元首維安，又發生在投票前夕，刑事警察局派出最精銳的刑警加入辦案隊伍。

刑事局長侯友宜指派刑事局偵一隊長周幼偉率隊南下偵辦。刑事局長侯友宜更嚴肅告知南下辦三一九案的刑警，「沒有破案不要回來。」可見警方當時承受極大壓力。

爲能儘速破案，警政署也提供兩千五百萬元獎金，要給提供具體線索、讓警方偵破三一九案的民衆。是故，自案件發生後，有多達上百條線索湧進了三一九警方專案小組，被兩名刑警「草率調查」的陳義雄情資，也是其中線索之一。

這個讓警方扼腕的「草率調查」，源自當時有民衆檢舉開槍嫌犯，就是「水萍塭公園對面那家做旗子的老闆」，指的就是陳義雄。然而，警方專案小組要該民衆出面製作檢舉筆錄時，卻被對方拒絕，加上這條線索，因當時轄區派出的兩名刑警未徹底查訪，就這樣被放過……待專案小組釐清作案凶槍出處，所有證據均直指陳義雄就是槍手時，已經是一年後的事了，而陳義雄也早已不在人世。

警方「以彈追槍」，確認槍彈爲唐守義所製

二〇〇四年五月，警方專案小組「以彈追槍」查知，先前「何墩卿案」與「楊志清案」兩案所查獲的槍械，竟與三一九槍擊案涉案槍彈爲同一來源，循線追查槍彈上游，確認了槍彈爲男子唐守義所製造。

專案小組查出，唐守義集團共製造八十四把改造手槍，經清查槍彈九大流向後，其中符合「無膛線槍管」特徵的，約有三十把，而同時也須符合「子彈撞針孔痕」，且擁有「銅頭」和「鉛頭」不銹鋼彈殼子彈特徵的，則是由唐守義販槍集團下游槍販吳旻璟及陳柏彰所轉售的。

專案人員表示，警方在調查唐守義所製造槍彈流向時，更從已溺斃的陳義雄親友處得知，陳義雄曾買過槍。親友證稱，陳義雄是在二〇〇三年十二月二十二日，以「防身」爲由，透過姐夫黃維藩購槍，黃男因此聯絡了陳柏彰，輾轉經由吳旻璟向唐守義買槍，並交給陳柏彰購槍費用四萬五千元。

專案人員查知，吳旻璟拿到槍彈後，便將槍彈藏在中華南路六十八、六十二之間的流動廁所內，在收到陳柏彰轉交的購槍費用四萬五千元後，便轉告陳柏彰藏槍地點，再由陳柏彰告訴黃維藩，由黃維藩從流動廁所內取走槍彈，交給陳義雄，因此陳義雄從唐守義販槍集團購得的，是一把八釐米改造手槍、及二十發子彈。

陳義雄死前留遺書與三一九案有關？

二〇〇五年三月七日，在三一九槍擊案近一週年前夕，台灣高等法院檢察署及刑事警察局召開「案情突破記者會」，指出三一九槍擊案事件開槍的嫌犯，是已溺斃的陳義雄，也就是去年三月二十六日檢警公布現場錄影帶中的「黃衣禿頭男子」。

專案小組表示，當初檢警錄影帶公布後，陳義雄了解到自己的犯行可能隨時會被曝光，疑因畏罪及不願意連累家人，在二〇〇四年三月二十八日騎著機車離家，到安平港投海自殺。

檢警查出，陳義雄死前曾遺留三封遺書給妻子和兒女，遺書是在房間抽屜內被發現，給妻子的遺書中表示，感謝妻子三十年的付出，但他對社會大環境及經濟很失望，阿扁再度執政，因年紀大了，無力氣改變什麼，讓他覺得很鬱卒，心情很不好，所以先走一步等等。

陳義雄在給子女的遺書中，則是交代遺產及對個別子女交代後事。因媒體報導及擔心警方追查，陳義雄留下的這三份遺書，已分別在陳義雄死亡九個月後、未滿一年前，分兩次由家屬銷毀。

專案人員說，陳義雄遺書的燒毀，讓警方專案小組失去有利的物證，至今都讓警方專案小組很氣餒及無奈，不過，換位思考，能理解家屬的作法。

除了陳義雄的遺書外，警方專案小組也發現陳義雄的桌曆上，寫有「扁政府上台經濟蕭條股市崩盤」、「現在移民出國的人數增加」、「大翻盤」等諸多對阿扁不滿的字句；亦得知，陳義雄因阿扁執政後經濟不佳，致使他的一棟房子賣不出去，無法幫一名子女還債，而感到内疚。初步認爲陳義雄是典型的反社會、不滿政府的分子，其偏激的想法促使他犯下此案。

警方專案又追查出，陳義雄於三一九犯案後，開始與妻子互動不佳，一開始還騙妻子說，三一九當天下午「我去吃茶」，但後來陳妻看見檢警公布的錄影畫面，出現在槍擊現場附近的「黃衣禿頭男子」，認出就是丈夫陳義雄。

專案小組指出，三一九當天陳義雄中午出家門，下午三點回家時，陳妻曾經追問，「去那裡（指現場）做什麼？」陳義雄則回說，「我自己做的事情，我自己會處理！」

同月二十八日下午五點時，陳義雄騎機車外出，便沒有再回家，直到第三天、二十九日中午十二點六分，陳義雄被一名李姓民衆發現溺斃在安平港十一號碼頭水域。

當時，因爲認識陳義雄的人，都知道陳義雄是游泳高手，對於他會溺斃，均難以接受，故傳出陳義雄是遭「滅口」及「他殺」等陰謀論，不過，檢警相驗屍體後，則以意外死亡處理，加上家屬對陳義雄的死因無異議，就將屍體發還家屬，而家屬也很快地將陳義雄火化。

二〇〇五年三月，警方專案小組再度約談陳妻，強烈質疑陳義雄是三一九槍擊案嫌犯時，並丟出過去一年追查到的物證、人證，陳妻先是痛哭，後承認三一九槍擊案是陳義雄做的。

專案人員表示，陳妻說，陳義雄在遺書中承認犯下三一九案，陳義雄將案發時所穿的黃色夾克，剪破後投入金爐內燒毀，而陳義雄也要求妻子替他修剪鬢角，改變面貌特徵。

專案人員表示，陳妻主動錄下，「我先生對阿扁開槍是不對的事情，造成社會的傷害，我深感不安，在此我向社會大眾道歉，希望事情到此結束。」但隔年陳妻翻供，指控遭警方逼供，表示陳義雄並未涉及三一九槍擊案，使得案情更加撲朔迷離。

因陳義雄已自殺身亡，二〇〇五年八月十七日，台灣最高法院檢察署檢察總長吳英昭正式宣布結案，由於涉案的陳義雄已死，全案予以不起訴處分。

三一九案作案凶槍至今仍未尋獲

警方從案發現場錄影帶推判，總統遊行車隊在下午一點四十六分十三秒左右，通過「槍擊熱區」，陳義雄也正在熱區。警方是根據在永華路一七〇巷、大智武英街口及金華路三段三十四號寶麗寶銀樓玻璃倒影等三處取得的監視器畫面進行研判查證。

又車隊一通過，陳義雄在四十六分三十三秒，快速跑過寶麗寶銀樓門口時，在大門玻璃留下倒影。四十七分五十八秒，陳義雄跑到永華路一七〇巷口時，突改由大步快走，但卻是往住家相反方向，即是大勇街離去，非常可疑！

因此，警方專案小組在查知陳義雄是三一九槍擊案槍手時，曾根據陳義雄案發當天逃跑的路線，懷疑他可能將作案凶槍丟棄在案發現場附近的台南市金華路水萍塭公園池內，故請專業人員抽乾水池內的水，但可惜未尋獲作案凶槍。

另外曾經懷疑，陳義雄可能將作案槍枝丟棄運河，曾派員打撈，還是一無所獲，還有就陳義雄溺斃的安平港碼頭，曾派員下海打撈，依舊沒有尋獲作案槍枝，且至今仍未尋獲。

台南市警察局曾在三一九槍擊案後一星期，除了公布在槍擊熱區有一名「黃衣禿頭男子」，另外還有一個「灰衣左手男子」，請民眾協助指認，後來「黃衣禿頭男子」被警方查出是陳義雄，也是三一九槍擊案的槍手。那「灰衣左手男子」又是誰？

警方專案小組曾在追查唐守義販槍集團過程中，查獲有一名黃姓男子曾跟唐守義購槍，黃男是左撇子，因此綽號叫做「左手仔」，不過，體型和「灰衣左手男子」有些出入；爲求愼重，檢方曾羈押黃男兩個月，並呼籲當時也在槍擊熱區，站在黃男身旁的一名婦女，可以出面協助偵辦，不過，該女一直未現身，檢警經過兩個月追查，無具體涉案事證，便讓黃男交保。

然而十九年過去了，始終沒有「灰衣左手男子」的消息，但有關陳水扁自導自演的傳言，一直甚囂塵上。

三一九案是陳水扁自導自演？

二〇二三年七月二十三日，陳水扁在自己的廣播節目中，請來當年偵辦三一九槍擊案的前台南市刑警大隊長廖宗山，談當年他所偵辦的三一九案及眞相。

廖宗山表示：「三一九槍擊案，是因爲已死亡的槍手陳義雄對政局不滿才開槍，並非陳水扁自導自演。」廖宗山並承認，因爲兩名刑警的查訪疏失，導致後來陳義雄落海溺斃，死無對證。

廖宗山說，偵辦三一九槍擊案的最高指導原則，一直是以彈追槍、以槍追人，根據「槍在三一九前賣出」、「槍管無膛線」、「子彈撞針孔痕」等三大特徵，及陳義雄透過管道向唐守義製槍集團下游買槍，同時擁有鉛、銅頭子彈，才鎖定陳義雄是開槍嫌犯。

廖宗山亦指出，案發後警方接獲民衆檢舉，出現在開槍鬧區的「黃衣禿頭男」是陳義雄，但兩名刑警到陳義雄住處查訪時，渾然不知陳義雄人就在樓上，見陳義雄兒子顧店自稱「我就是老闆」，與監視器畫面的陳義雄年紀差太多，以爲情資有誤，故未深入查證便離去，才造成今日三一九案沒有完美的結果，令他至今耿耿於懷。

由於三一九槍擊案案發地與陳義雄住家地點，分屬於台南市警察局兩個不同分局管轄，而當年是台南市警察局刑事警察大隊大隊長廖宗山回想，當他接獲線民檢舉時，是將線索交給陳義雄住家轄區分局查證，而非負責偵辦三一九槍擊案的案發地專案分局追查。

廖宗山感嘆，「陳家轄區分局長沒有派出幹練的刑警查證，而派出了兩名做事草率的刑警，隨隨便便、敷衍了事，如果重視該情資，認眞進行查證，三一九槍擊案的結局可能就不一樣了。」至於，那兩名刑警的下場，多年後他們各自因涉及警風紀案，離開警界了。

眞調會：三一九槍擊案是「選舉操作」？

在二〇〇五年三月七日的三一九槍擊案情突破記者會後，總統陳水扁對檢警專案小組的努力致意、致謝，並表示十分欣慰。但時任國民黨主席的連戰則指出，槍擊案眞相未明，「三一九槍擊事件眞相調查特別委員會」（簡稱眞調會）先前提出的諸多疑點，至今仍未有答案，他呼籲眞調會必須繼續運作，以昭公允。

二〇〇五年一月，眞調會對外公布調查結果，認爲槍擊案是一場「選舉操作」，泛綠質疑，直指眞調會的結論毫無根據，皆認爲這樣的結論「由政治動機出發所做的荒謬推斷，完全無法令人接受」。

從此至今，藍綠各說各話，社會上更是普遍存著「信者恆信、不信者恆不信」的不同立場，一件刑事案件，沾上政治因素，也就變成現在的兩種表述。

而當年二〇〇〇年總統大選，由於三一九案兩顆子彈的「亂入」，讓原本社會大眾認爲可贏得大選的國民黨籍總統參選人連戰、親民黨籍副總統參選人宋楚瑜，以三萬餘票，輸給了民進黨提名的陳水扁和呂秀蓮，藍軍對於當時檢警沒朝「陳水扁自導自演方向」偵查，至今仍對侯友宜很不諒解。

不過，當年三一九案中最大的「被害者」前副總統連戰，已出面支持侯友宜參選總統，而連戰之子，國民黨副主席連勝文也在臉書表示，他始終相信只要國民黨團結，只要支持藍軍的朋友願意給他們一個機會，這個世界上就絕對沒有過不了的關、打不贏的仗，「侯市長加油！國民黨加油！」

被遺忘的三一九被害人：紅色吉普車車主

順帶一提，三一九槍擊案中，還有一個被遺忘的超級倒楣「被害人」，就是陳水扁和呂秀蓮掃街使用的紅色吉普車郭姓車主，因爲三一九案重啟調查多次，一直以來，那輛吉普車都以重要證物被查扣，停放在台南地檢署贓物庫。

隨著十九年過去，原本價值千萬元的吉普車，如今也變成了古董車，車主曾經多次向檢方要車，都遭到拒絕，也不知道何年何月可以領回吉普車，而每一任台南地檢署檢察長，都爲這輛吉普車感到頭痛不已。

此外，三一九槍擊案發生時負責偵辦的高階警官各有不同境遇，當時的刑事警察局長侯友宜，二〇二二年連任新北市長，二〇二三年代表國民黨參選二〇二四年總統選舉，且是第一位出身警察系統的總統參選人。

當時負責「〇三一九專案」的刑事局偵一隊長周幼偉，二〇二三年任刑事警察局長，而案發地台南市警局刑警大隊長廖宗山，二〇二三年任台南市警察局長。

總而言之，回顧過去十九年來，三一九槍擊案因作案槍枝至今未尋獲，槍手陳義雄溺斃，警方對於三一九案破而未宣，但其中的衆多相關事件、人物受到牽連與波及，仍在持續發酵，直至今日仍讓人印象深刻。

侯友宜的勇氣與溫暖

勇敢無懼

三一九槍擊案，因台南市兩名「青菜刑警」隨便查，讓警方失去作案人槍俱獲破案先機，侯友宜至今堅定面對當年偵辦結果，一肩擔起外界質疑，不讓辦案刑警弟兄被懷疑，「當長官像長官」的好樣，讓刑警弟兄很溫暖。

2-9 台灣第一悍匪張錫銘

二〇〇五年七月十三日，時任刑事警察局長的侯友宜親率一百二十五名特警，首度動用軍用裝甲車，攻擊「台灣第一悍匪」張錫銘的台中沙鹿巢穴，轟隆轟隆的巨大輾壓聲，嚇壞了張錫銘等人，警匪互開上百槍後，張錫銘想要跳牆逃走，遭到警方開槍射擊中彈，隨即被捕。侯友宜不僅報了一年前的高雄「大寮槍戰」之仇，也順利完成警政署長達十三年，以「獵龍專案」為代號的剿滅盜匪行動。

「我是張錫銘，我中槍了，快送我去醫院！」這是台灣第一悍匪張錫銘，在被警方逮捕的現場，所發出的求救聲，因為槍傷在地上哀嚎痛叫，與之前在大寮槍戰中，那個手持 AK-47 步槍挾持人質時凶狠、囂張的模樣，完全判若兩人。

綽號「小黑」的張錫銘，擁有衝鋒槍、步槍、手榴彈等強大火力，平時接受各地黑道老大的委託處理「事情」，他旗下的犯罪集團，也是綁架名人勒贖的殺手部隊，國內治安史上最高贖金四十億元的擄人勒贖案，就是他們的「代表作」。

不過，該案卻因張錫銘手下疏失讓肉票跑掉，最後沒拿到贖金，一場空，變成江湖一大笑話。

當年張錫銘因同夥一個個遭到警方查獲，所以與曾是十大槍擊要犯吳俊卿的手下「阿呆」林泰亨勾結，由於阿呆愛上網玩遊戲，和張錫銘臭味相投，兩嫌合作四處作案，共同犯下于姓電玩大亨四十億元擄人勒贖案。後經中部老大協調，最後以五億元達成共識，可是，還未付贖，肉票就自行脫困，讓做白工的張錫銘感到丟臉又生氣。

喜歡玩網路遊戲，張錫銘ID：「獨來獨往」

張錫銘會被刑事局警方鎖定行蹤，主要是因爲他喜歡上網玩「絕對武力戰慄時空」和「天堂」等網路遊戲。警方發現，不好賭、不近女色的張錫銘，可能因被警方視爲頭號要犯長期追捕，心裡一直承受很大壓力，所以才會沉迷虛擬網路世界，扮演遊戲中的英雄角色，藉以打發時間。

警方調查，雖然張錫銘行事小心，唯恐自己在上網時會洩露行蹤，因此他與不同手下聯絡或上網玩遊戲時，會使用「獨來獨往」、「土霸主」等ID化名，隱身網路遊戲「殺戮戰場」中，電腦IP超過十一個，但他最喜歡的還是「獨來獨往」這個代號。

他以爲這樣做，就會神不知鬼不覺，殊不知自己的行蹤早已經被警方掌握。所以「獨來獨往」只要一上線，警方就會立刻監控掌握。

警方在追查過程發現，張錫銘只要到一個新地方、或身處讓他感到安全的地方，就會上網玩遊戲，而他愛玩的「絕對武力戰慄時空」，是一種玩家必須扮演歹徒或警方，在狹小的城市地圖中，將對手完全殲滅或是展開對戰的遊戲。

警方表示，在這個線上遊戲中，玩家可透過電玩試用各種新式的攻擊武器，像是衝鋒槍、步槍、手榴彈等，甚至還能模擬包圍或脫逃戰術，而這些裝備也是張錫銘在現實世界中，所擁有犯案的眞槍實彈軍火，完全符合張錫銘的「職業」需求。

「獵龍」行動即將展開

二〇〇五年七月九日，警方鎖定張錫銘藏身在新北市土城區一處宮廟內，但他很快地離去。十日張錫銘又南下到了台中。由於張錫銘當時並未上網，故警方無法確定他的行蹤。

直到十三日凌晨，張錫銘到台中沙鹿中興路的一棟三層樓透天厝，他當時駕駛大型越野車進駐該民宅。當時的狀況是，張錫銘回到台中沙鹿藏身處後，立即連線上網，就這樣暴露了自身行蹤。

警方發現後，假扮水電工進屋檢修電線，藉以確定是否就是張錫銘本人，在確定是他後，刑事局長侯友宜下令收網，「獵龍」行動即將展開，侯友宜同時也決定安排軍用裝甲車攻堅，準備給張錫銘來一場震撼教育。

刑事局「獵龍」核心專案人員偵四隊長劉章遠、副隊長蔡祥春等人員，早已將張錫銘對面民宅租下，當作爲「獵龍」中部基地，跟張錫銘做「鄰居」。局長侯友宜親自到中部基地，召開專案會議及討論獵龍細節。因爲警方據報，張錫銘在台中計畫犯案，要綁架的對象是台中地方名人。

刑事局首先請警政署下令各單位，加強防阻有偷渡經驗的張錫銘，可能從台南、嘉義、雲林、屏東、高雄、新竹、基隆、台北、桃園、台東、花蓮等海線偷渡出境，先斷絕張錫銘逃出台灣的機會。

張錫銘在警方多次圍捕中，有多次脫逃成功的紀錄，因此，刑事局長侯友宜這次計畫要做最有把握的獵龍行動，不容許再重演一年前高雄大寮槍戰中，張錫銘挾持人質脫逃的離譜狀況。

彼時警方專案人員監控張錫銘藏身處，同時觀察到，該處民宅距國道三號

（福爾摩莎高速公路）龍井交流道僅數百公尺，屋後還有大片竹林，越過竹林與竹林後的野溪，也有其他脫逃路線，張錫銘選上此處落腳，顯然經過仔細勘查，所以要在這裡抓人，就得先截斷他的脫逃路線。

爲避免張錫銘再次脫逃，事前縝密部署極爲關鍵，侯友宜先請求警政署空中警察隊協助，由直升機空拍，掌握附近地形，除了正門攻堅警力，屋後竹林更是部署重點，中、南部維安小組、刑事局霹靂小組、台中縣市、南投縣與嘉義縣刑警隊幹員，布下綿密的三道警網，就是要讓悍匪張錫銘無路可逃。

掌握張錫銘的作息是另一關鍵，張錫銘因爲長期與警方對陣，知道警方常利用拂曉攻擊，因此，他通常都拖到上午才睡覺，晚上寧可熬夜上網打電玩，也不敢掉以輕心，警方掌握了這個特點，決定捨棄傳統的攻堅模式，改採上午八、九點進行攻堅。

裝甲車做先鋒、侯友宜領軍剿張錫銘巢穴！

十三日上午九點，刑事局長侯友宜親率一百二十五名幹員、分爲三層部署，九點三十分，V-150裝甲車衝破鐵捲門，治安史上首見裝甲車攻堅場面，張錫銘與阿呆發現後，先是驚訝愣住了，隨後便朝警方開火抵抗，警方立刻還擊，現場頓時槍聲大作，雙方對開上百槍，過程中警方投擲了兩枚震撼彈，希望藉優勢火網壓制歹徒。

九點四十五分，阿呆受傷雙手高舉，爬出地下室投降。而張錫銘這次還想跟上次大寮槍戰一樣，混裝警方人員逃逸，但是，張錫銘攀牆想要脫逃時，立刻與埋伏竹林的幹員交火，兩把長槍先掉落地上，之後張錫銘中彈摔落牆外，隨即遭員警制伏。

由於張錫銘有多次脫逃紀錄，因此侯友宜在前方現場，用無線電問在後方的刑事局特勤隊長唐嘉仁，確認抓到的是否眞爲張錫銘。當場唐嘉仁用無線電跟侯友宜回報：「報告局長，是小黑、確定是小黑！」而張錫銘當時也大聲哀嚎：「我是張錫銘，我中槍了，快送我去醫院！」

身中四槍的張錫銘要員警趕快將他送醫，而他被抬上救護車的那一刻，還用台語告訴醫護人員：「我的手也斷了，快救我！」落入警網的悍匪再無往日凶狠、囂張的氣焰。張錫銘被送醫後，院方緊急開刀搶救，手術後無生命危險。

唐嘉仁在向侯友宜報告狀況後，才發現自己受傷了，旁邊兄弟見他受傷，馬上用無線電回報侯友宜，唐嘉仁立即被救護車送往醫院治療，侯友宜也立刻趕赴醫院探視，抱著唐嘉仁說：「兄弟，辛苦了！」

原來，當初侯友宜在部署這波獵龍行動時，因爲屋外那片竹林，就被侯友宜視爲最難防守，也最容易與張錫銘直接對幹、駁火的險地，因此，他徵求自願前去防守的勇警，唐嘉仁當時自願前去防守那片竹林，還跟局長保證「絕不會讓兄弟出事」，結果槍戰中，唐嘉仁那組勇警，不僅成功阻止了張錫銘脫逃，更開槍擊中他。

張錫銘落網後，隱身在幕後教唆綁架名人勒贖的藏鏡人，及提供資金協助他犯案的金主、黑道老大、地方名人等相繼曝光，有人頻頻喊冤、有人潛逃大陸，當然更多的是遭到警方逮捕歸案，警方總共逮捕了張錫銘集團二十多人，瓦解了這個犯罪集團，警政署第三次「獵龍專案」也告終止。

張錫銘令人喪膽的「天下」

一九六八年生的台灣第一悍匪張錫銘，曾在國小畢業紀念冊上，寫著「走，闖天下去，可別忘珍貴無比的友誼！」與小學同學互相勉勵，十多年來，他的確闖出了一個「天下」，只不過張錫銘的天下，是用暴力與犯罪堆砌出來的。

張錫銘從小皮膚就特別黑，所以同學都叫他「小黑」。他在台南「東山鄉」（今東山區）的老家是個偏僻農村，當地到處是柳丁園，他家中經濟狀況差，爸爸是做粗工的板模工人。張錫銘就讀國中時，就因爲時常打架、曠課，讀了一年就輟學。

東山鄉除了龍眼和柳丁樹外，「東山鴨頭」也全台有名，還有就是在警方檔案中，幾乎每十年就會出現一名來自東山鄉的十大槍擊要犯，像是一九八四年殺害雙警的藍炎祥、一九九四年涉及綁架槍擊案的「穿山甲」詹龍欄，及二〇〇四年持槍挾持綁架的「小黑」張錫銘，也算是治安史上奇異的巧合！

張錫銘國二輟學後，「北漂」跟隨同鄉黑道老大「穿山甲」詹龍欄到台北賭場鬼混，在台灣江湖上，詹龍欄一直被視爲是張錫銘的師父，兩人師徒關係不錯。而張錫銘當兵前曾返回東山鄉，與父親一起做了兩年的板模工人，雙親一度還以爲他浪子回頭，頗感欣慰。

但是沒想到，張錫銘當兵期間，又與東山鄉一個綽號「莫尼」的蘇姓角頭搭上，後來和多名國中同學一起到莫尼家當小弟，因爲這層關係，一九八四年「一清專案」掃黑時，有一次他休假返家，被當地警方找去「喝茶」，他就因涉及恐嚇、經營賭場等案被提報掃黑，一去管訓隊就是三年。

管訓隊期滿，張錫銘與三名友人在台南新營開了服飾店，認識在店內工作的妻子，兩人後來相戀結婚，當時，張錫銘一度要爲家庭退出江湖，但畢竟混江湖的人很難中途退出。後來因服飾店經營不善歇業，他又重操舊業混黑道。

一九九五年二月，張錫銘與同夥李政洲相偕到在台南新營酒店喝酒，因爲酒店服務讓他們不滿意，和經理林慶益起口角，開槍射殺了林慶益，此後他開始展開爲期十年的逃亡及犯案生涯。

張錫銘槍殺許金德搶軍火作案

同年三月，張錫銘大膽到以假裝購槍爲由，騙出軍火商許金德，交易過程中竟槍殺了對方，劫走大批軍火，此事當時引發了台灣江湖人士熱烈議論。

一九九五年六月，張錫銘使用從許金德處搶來的軍火，綁架了泰雅國際村陳姓董事長及李姓女助理，得手贖款兩百萬元。此時的張錫銘已經不是昔日大哥旁的小弟，江湖地位早已翻了很多倍。

一九九八年中秋節，警方獲悉張錫銘將回家探望雙親與剛出生的兒子，大批警方前往埋伏。雙方在東山鄉山區狹路相逢，警匪發生激烈槍戰。槍戰過程中，張錫銘和同夥李政洲開槍打中兩名警員，張錫銘往山區逃亡。李政洲則因中槍受傷，自知難逃法網，當場舉槍自盡。後來張錫銘被警政署列爲「十大槍擊要犯」全國發布通緝。

張錫銘經過與警方槍戰後，不僅躲過警方追捕，還坐「桶子」由台南安平港偷渡到大陸，並傳出他曾去過柬埔寨接受特殊訓練，眞假無法確定，但他集團中，卻有天道盟「一代虎」，同時還有一支「殺手部隊」，專門接受委託「辦事」。

張錫銘潛逃大陸後，繼續在大陸上「接案」，在大陸相當活躍，繼續犯案的結果，就是引來高度關注，大陸公安見到張錫銘每次犯案，都能狡猾躲過公安的追捕，在屢屢捉不到張錫銘的情況下，竟然用「台灣第一悍匪」來稱呼張錫銘。

二〇〇三年十二月，張錫銘爲躲避大陸公安追捕，又偸渡逃回台灣，與在大陸認識的逃犯合作，繼續在台灣犯下一連串綁架勒贖案。「小黑」張錫銘重返台灣犯案時，已堪稱是「大尾流氓」，可以獨當一面。

二〇〇四年一月，張錫銘持槍綁架南投某廣播電台洪姓小開，跟家屬勒贖一億元贖金，後來降到六千萬元，人質平安獲釋，南投警方指出，綁匪就是十大槍擊要犯張錫銘。

同年七月，台南市兩家連鎖當鋪發生兩名歹徒手持AK-47步槍掃射，並丟擲手榴彈攻擊、縱火，當鋪被燒得全毀。原來起因是，兩個月前鄭姓當鋪老闆被綁架勒贖三千萬元，但因警方攻堅救人，綁匪只拿到一千五百萬元，心生不滿所以前來警告洩憤。

電視「直播」張錫銘持槍挾持人質

二〇〇四年七月二十五日晚上，張錫銘帶同夥到高雄一家KTV喝酒尋歡，至二十六日凌晨兩點許，被警方發現行蹤，一路尾隨到高雄大寮鄉一處砂石場，警方採用「口袋戰術」，展開七次攻堅，雙方駁火上千發，張錫銘集團丟出三顆手榴彈，造成四名警員受傷，歹徒林國忠遭逮捕、李金成棄械投降。

隨後張錫銘及同夥陳進雄挾持老農、保全員，並成功搶走保全車輛，往台南方向逃逸。而張錫銘挾持老農、保全員與警方對峙的畫面，當時在電視新聞直播下，其囂張的行徑震驚了全台。警方飽受各方抨擊，立即成立「獵龍專案」。

二〇〇五年三月，于姓電玩大亨自菲律賓佬沃搭機返台，驅車返回台中住家途中被張錫銘盯上，在高速公路直接將他攔下擄走，並囚禁在台南玉井山區。

後來經一名中部黑道大哥出面協調，贖金才由四十億元天價，經討價還價降到五億元，並且要在境外支付，哪知最後因爲張錫銘手下的疏忽，在還沒取得全部贖款時，于姓大亨就戴著腳鐐自行脫困，逃出山中被老農報案獲救。

順帶一提，張錫銘在高雄大寮槍戰中的共犯，是綽號「大胖」的陳進雄，事後張錫銘認爲大胖做事過於粗線條，把他帶在身邊容易被警方發現，加上兩人後來發生嫌隙，因此張錫銘給了陳進雄四十萬元和一把長槍後，兩人就此分道揚鑣。

不久之後，台中警方循線將大胖逮捕到案，起獲槍械一批，警方也在二〇〇五年秋天，終於逮捕張錫銘，並將張錫銘集團二十多人陸續逮捕到案，徹底瓦解了台灣第一悍匪帶領的綁架勒贖犯罪集團。

侯友宜女兒「爸爸加油」幫打氣

每當侯友宜帶著滿身疲累，結束高雄勤務返回台北家中，妻女都已經入睡了。侯友宜在冰箱上看見女兒留的「爸爸加油，你一定可以做到」的紙條，讓他覺得非常感動，更充滿了戰鬥力。

其實，二〇〇四年，侯友宜帶領下的刑事警察局眞的很忙，不僅要偵辦三一九正副總統遭槍擊受傷案，且要追捕擾台治安的頭號要犯張錫銘犯罪集團、及擾亂中部治安的薛球犯罪集團。

張錫銘根本沒預料到，侯友宜才經過一年的時間，就搞定三一九槍擊案，馬上整軍完備，帶領「獵龍專案」人員全台追捕他，更將他的同夥逐一緝捕歸案，造成他天天必須換地方躲藏，但最後仍落在侯友宜手上。

回顧過往三十餘年來，警政署共執行三次「獵龍專案」，其中侯友宜就領軍帶隊獵龍兩次。一九九二年四月，第一次將頭號惡龍陳新發殲滅在爆炸火場。再來就是這次，二〇〇五年七月，利用裝甲車做前鋒，打得張錫銘屁滾尿流，中彈投降後哀聲求饒。

侯友宜針對全台逃犯總體檢

侯友宜自二〇〇三年六月，從桃園市警察局長接任刑事警察局長後，即針對重大逃犯進行總體檢，尤其是針對頻頻犯下名人綁架勒贖案的「小黑」張錫銘遲遲未捕獲，幾乎每天都將負責獵捕張錫銘的偵四隊隊長劉章遠、副隊長蔡祥春等人找來開會，並緊盯案件偵辦進度，針對報告內容查證詳問，就是要將小黑儘早緝捕歸案。

侯友宜再度發揮他偵辦「四大懸案」的辦案韌性，反覆查閱張錫銘的相關線索，尤其是張錫銘在高雄大寮槍戰脫逃後，侯友宜的局長辦公室內，堆滿了有關張錫銘的新舊檔案資料。侯友宜希望可以從中發現關鍵線索，找出小黑的致命點，但仍不及張錫銘大膽囂張的犯案速度。

在大寮槍戰後，全國警方承受了空前壓力，甚至媒體用「低能兒」來形容當天警方的圍捕行動，由於那天刑事局長侯友宜現場指揮南北警方上百人，警匪互開三千多槍，槍戰的慘烈狀況，更甚於一九九二年首次圍捕獵龍專案中的頭號惡龍陳新發。

當年警方獵捕陳新發的槍戰中，現場指揮官是侯友宜，當時他擔任北市刑大副大隊長，而在後來的大寮槍戰中，讓張錫銘在上百名媒體、民衆、警察的關注下成功脫逃，現場指揮官也是侯友宜，令侯友宜處境頗爲難堪。

侯友宜發現張錫銘的數字「祕密」

所以在大寮槍戰後，侯友宜經常會翻閱張錫銘的犯案檔案，思索著要以何種戰術成功逮捕到他，未料侯友宜發現，張錫銘落跑時的藏身巢穴，找到現場遺留「240．83444」等多組奇怪號碼的記載，甚至有時還有「1234」、「5678」等再平常不過的數字組合，這讓侯友宜百思不解。

侯友宜越看這些數字組合，就越覺得奇怪，根據他多年辦案經驗，這是很不尋常的，直覺告訴他不單純，並認爲這可能是張錫銘與同夥聯絡的暗號。因此，侯友宜要求專案小組要逐一破解，同時要儘早釐清張錫銘的行蹤。

警方專案深入追查，發現這些特殊數字的組合，有些是張錫銘玩網路遊戲留下的電腦ＩＰ位置，但有些亂碼數字，應該是張錫銘與同夥聯絡的密碼，且還是與不同的同夥，有不一樣的單向聯絡方式，對此發現，侯友宜要專案人員謹慎查證。

爲釐清諸多疑點，刑事局中南打擊犯罪中心隨卽動了起來，加快翦除張錫銘集團成員的追捕行動，同時更砍斷張錫銘可能的幕後金主資助，警方人員更對這些疑爲張錫銘幕後的金主挑明地講：「只要幫小黑，就如同正犯！」

警方從張錫銘一名在獄中自殺的同夥，死前所留下的三封遺書中，獲知張錫銘迷戀知名網路遊戲「天堂」、「絕對武力戰慄時空」，並化名「土霸王」、「獨來獨往」等玩家，在網路虛擬世界殺進殺出。此與警方在網路偵蒐的情況相似。

另警方「〇七一五專案」因除刑事局偵四隊外，加入熟悉山區狀況的雲林、嘉義、台南、高雄等地方警察局警方人員，警方山青人員也動員背著裝備進入山區，尋找張錫銘可能藏匿的地點。

警方專案人員從一名落網的張錫銘同夥，發現他的手機內，有一組特殊密碼，經查才知道，那是張錫銘跟他的聯絡密碼，只有張錫銘可以聯絡到他，其他人無法主動聯絡張錫銘。而每一個人獲得的「張式密碼」也不盡相同。此與警方在小黑巢穴裡，所發現的「怪怪」數字相同。

經過警方專案人員逐漸破解，推測出張錫銘的亂碼數字組合中，「1234」

代表「我」，「5678」是「你」，另還有擺石頭陣，來暗示某種意思；張錫銘雖然國中都沒畢業，但真的又精又聰明，甚至還處處顯示出山中求生的強烈意志，簡直就是「野外達人」，可能他從小在鄉間長大，對於山區的了解，自然比在城市中生活的警方人員強很多。

侯友宜在「沙鹿槍戰」問：「是警察的，請回答？」

此外，刑事局檢討高雄大寮槍戰缺失時，發現槍戰中，張錫銘集團成員習慣穿著霹靂小組幹員相同的服裝，還有與警察類似的防彈衣，因此當警方在現場進行圍捕時，容易搞不清楚敵我，才讓張錫銘脫逃成功。

所以最後在台中沙鹿警匪槍戰中，會出現穿著防彈衣的執勤警員，在聽到侯友宜用無線電喊話時，回話時會表示「我是警察某某某」，以此確認自己眞正的警方身分，以防被張錫銘等嫌以假亂眞蒙混過去，這是警方從大寮槍戰失敗的經驗裡，找出的保護自己人的方式之一。

張錫銘的高調作案性格

還有一件令警方感到玩味的事，就是在發生震驚全國的大寮槍戰後，張錫銘非但沒有收斂犯行，低調行事，先藏身一段時日，反而是將標準提高，試圖挑戰更「高難度」的名人綁架案；最誇張的是，一般綁匪作案時，都是想盡辦法隱藏身分不要曝光，但是張錫銘採行逆向操作，竟然在作案時，大剌剌地自報名號：「我是張錫銘！」唯恐別人不知道是他。

張錫銘的確是要錢，所以涉及了數十起擄人勒贖案，得款高達十億元，但他從未傷及人命，這也就是爲何他落網後，未被法院判處死刑的原因，二〇〇八年，法院判處張錫銘無期徒刑定讞，至今他仍在台南監獄服刑中。

侯友宜的勇氣與溫暖

勇敢無懼

侯友宜沒因「大寮槍戰」的失敗氣餒，除檢討改進措施，加強力道追捕張錫銘，花一年時間整軍戰備，以裝甲車作前鋒，剿滅張錫銘賊窟，是台灣治安史上最成功的攻堅行動。

第參部

侯友宜轉換跑道／從政之路

3-1 新北市政府「侯副」

二〇一〇年十二月二十五日，是「警察人」侯友宜揮別三十一年熱愛的警察工作，正式轉換跑道當「政治人」新北市副市長的重要日子。

從十九歲進入警大讀書，至五十一歲決定接受新北市前市長朱立倫邀請擔任副市長前，侯友宜從未想過自己有朝一日會從政，還一路繼續當選擔任新北市長，目前正朝台灣民選總統之位大步邁進，是否能再爲自己的人生開創新局，大家都在看！

當初侯友宜是離開中央警察大學校長職務，轉任政務官，開始了他「侯副」的政治之路，常自我勉勵做什麼像什麼的侯友宜，當了侯副後，便運用警察專業，擔任左右手輔佐朱立倫市長，同時，也為眾多警務人員與首長們開啟一條從政之路，這可能是侯友宜當初棄警從政始料未及的事。

提高刑警職務加給六千元

侯友宜在刑事警察局長任內時，碰到全國刑警嚴重缺員，侯友宜努力為刑警爭取職務加給，後來刑警職務加給便從兩千一百元，提高至六千多元。

侯友宜也恢復停辦多年的「刑事警佐班」，大幅增加刑事警察一線三星至二線一星的晉升機會，每年讓五十名以上的刑警得到合理升遷，補足高達一成以上的刑警部隊缺員。

調高基警俸點五百點，退休繼續領

最讓基層警員有感的是，侯友宜於警政署長任內，推動《警察人事條例》修法，爲二十四年未調薪的基層警察，俸點從四百五十元，調高至五百點。最多一人可以增加三千四百八十元，且退休後仍可領。

同時爭取把在全國行政部門比例最低的警察簡任官（警監）名額，大幅增加。修法後的人事制度，讓警界簡任官得以從一百二十名，增加到現在的三百二十五人。

政黨輪替，侯友宜改調警大校長

二〇〇八年六月，侯友宜即使在警界擁有「破大案、捉要犯」的重大功績，又是全國最高知名度的警察英雄，這樣強大光環下，仍然不敵政黨輪替，從打擊犯罪、除暴安良的前線，轉至幕後從事警察教育工作，對侯友宜來講，在離開警大母校二十八年後，可以回到警大教育學弟妹，是一項非常重大的使命。

侯友宜到警大任校長的第一天，他先和司機、廚師、電工、警衛隊逐一打招呼，看他們的工作環境、休息室，看餐廳和廚房的衛生狀況，並關心這些基層人員的家庭及成員等狀況，要他們碰到問題或者難題，可以跟他直接反應。

侯友宜把校內基層人員視爲家人，跟他長年站在第一線帶隊打擊犯罪、除暴安良的刑警作風有關。侯友宜認爲，所有警大人團結在一起，才能讓警大向上提升。不用墨守成規分什麼長官和部屬，大家都是「同校一命」的弟兄。

侯友宜暑假打掃校園，認識所有同事

「侯校長」的第八天，學校開始放暑假了。因此，侯友宜便徵求自願與他一起打掃校園的教職人員，每週一可以和他一起參與校園打掃工作，共同維持校園的乾淨。

剛開始，只有二十多人參加校園打掃，半個月後，增加到六十多人，最後教職員都參加這項義務打掃工作。侯友宜一邊和他們揮汗打掃、一邊聊天交流。九月開學前，他不但認識每名教職員，也把學校的實際狀況摸透了一遍。

警大核心價值：「國家、正義、榮譽」

侯友宜到校任校長第一天，就有教職員反應，那時警大還沒有一個成文核心價值的文字論述。侯友宜和大家討論後，以校訓「誠」為中心思想，就拍板定下「國家、正義、榮譽」，作爲警大的核心價值。

走進警大中正堂，立刻可以看見「國家、正義、榮譽」六個鍍金大字，由書法家李貞吉親題。侯友宜當時勉勵近三千名教職員和學生：「這就是『警大人』，一生都要守護的核心價值。」而這裡所講的國家，自然指的就是中華民國。

開學後，侯就推出一項「與校長有約」活動。每週一到二次，學生可自由預約報名，五人以上、十人以下，就可組團來和校長座談。座談內容無論是學習、生活、交友，或家庭上所遇到的困難，都可以直接和他反應、討論，甚至還有剛出校門的學弟妹回來找侯友宜，商量手上的刑事案件要如何偵辦，或請侯友宜協助找出破案關鍵，總之五花八門，侯校長也義不容辭、快樂接招。

每次座談，他都讓祕書拍照合影，並在照片上標註班級、姓名，他再花時間去盡量記住這些同學。後來，在餐廳用餐，在操場跑步，在寢室巡查，他都可以叫出許多同學的名字。而被校長叫出名字的同學，先是驚喜，後都用笑容回報校長，整個校園從校長、老師到學生都是和氣融融。

刑警出身的侯友宜，雖然不是一個職業的教育工作者，但他用自己的辦法來教育這群孩子們，讓他們對自己未來要從事的警察工作，充滿熱情和使命。

此外，他還運用自己的社會威望，每年為警大募集到五、六百萬元的捐款，除用在改善學生生活及學習軟硬體方面外，還有鼓勵師生的獎項，如學生類別有德育獎、書劵獎及警技獎；老師類別的則有教學績優、研究績優及輔導績。

警大師生的權益，向來在警察內部被輕忽，故侯友宜任校長後，在警大推動建立警察特考雙軌分流制度，解決學生畢業特考和任官問題，並且修正人事八大法規，完善人事任用升遷，與教師三級三審的制度。

爭取二十四億經費，推動「警大三大建設」

面對桃園龜山警大師生近三千名，每年的預算才十億元左右。侯友宜回到警大擔任校長時發現，整個校園設施相當陳舊。廁所小便池仍是舊式的「一條龍」，浴室沒有隔間，宿舍簡陋。侯友宜花了很多時間和心力，來推動「警大三大建設」工程。

侯友宜是利用一次前總統馬英九到警大主持畢業典禮，上台講話前的三分鐘空檔，刻意安排馬英九及隨行祕書、與自己和祕書，四人一室的機會，他簡潔、誠懇，抓重點，向馬前總統當面說明刑事鑑識大樓、學員生宿舍大樓、體技能大樓「三大建設」，對全體師生的重要性，需要編列二十四億元，徹底改善翻新警大老舊、過時的生活及教學硬體設施。

侯友宜年紀輕輕就當上警大校長，而在警界只有兩個「三線四星」高位，一個是警政署長，他當過了，另一個就是彼時的警大校長。以他的個性，可以從警大校長安全下莊，裸退後到民營公司找事情做，加上侯友宜陸續規劃的「警大三大建設」，也已完成標案及發包等階段性任務。

侯友宜說「我一輩子愛警察」，就像是認識他的人，都知道侯友宜很喜歡腳踏實地做事，在侯友宜任警大校長兩年半後，侯友宜很認眞考慮自己的下一步，此時他的老長官、剛當選新北市長的朱立倫一通電話打給他，說要去警大找他，兩人就約了時間見面，這次面會讓侯友宜的人生有了重大變化。

侯友宜與朱立倫結緣桃園

在警政界，朱立倫常被稱爲是引領侯友宜從政的重要貴人。他們是因爲侯友宜任桃園縣警察局長時，因朱立倫在桃園縣長選舉中，遭受有心人以「非常光碟」抹黑造謠，侯友宜在投票前破案，讓當時的縣長朱立倫選情沒受非常光碟事件影響、連任成功，結下再度共事的因緣。

二〇一二年十二月，侯友宜在桃園警察局長的老長官、剛當選新北市長的朱立倫，表示希望能找侯友宜擔任副市長，消息一出，引起政壇論議。

當時朱立倫誠意十足，親自到警大邀請侯友宜，經過多次懇談，終於侯友宜同意出任新北市副市長職務。但其實從政這條路，從未在侯友宜的人生規劃中出現。

揮別警察，步上政治人生奇異旅程

當侯友宜下決定，離開三十一年的警察工作，要去擔任新北副市長時，妻子任美鈴在開車到警大接他時，只說了一句話：「想做事可以去，但以後千萬不要去選舉。」對於老婆這句話，侯友宜沒有多說什麼，因爲當時他只是想去「做不一樣的事」，壓根沒想到那麼多，何況是「總統選舉」這條路。

離開警大半年後，有天晚上，侯友宜帶著幾箱蘋果到當年要畢業的警大學生寢室，送每人一顆蘋果，鼓勵「孩子們」用功複習、好好考試，格外溫情。

在警大，侯友宜都把這些與自己孩子年齡差不多的學生，稱呼為「我的小孩」，而這些學生也用「侯爸」、「侯媽」，來稱呼侯校長夫婦。

告別時，侯友宜對學生們舉手致上一個軍禮，學生們也回敬稱「謝謝校長」。此刻，侯友宜的心情是喜悅的，因為他看到自己熱愛的警察工作，已經有了熱血傳人。

對於侯友宜這種「很想做事的人」來講，從警務轉換到政治之路，是對還是不對，沒人可以回答，但能肯定的是，侯友宜人生的另一個嶄新旅程正要展開。

侯友宜隨著新北市長朱立倫市府團隊上任後，因爲不同於往警職公務人員，對於辦案中要緊守的法律規定，「侯署長」、「侯局長」檯面上永遠是一號表情。不過，當了「侯副」的侯友宜，臉上表情變多了，有時還會跟記者哈拉一下。

當時侯友宜負責督導新北市治安、公安、民政、社會等與市民安全息息相關業務，故仍可在拆除違建、重大犯罪、火警及災害意外等第一現場，看見侯友宜的身影，尤其是「侯副」作風強硬，針對轄內重大公安違建，堅持拆除不妥協，雖然不受民代喜愛，但卻得到多數市民高度的掌聲與肯定，並爲侯友宜帶來高民調支持。

侯友宜擔任新北市副市長七年，建議成立及親自領導「新北市公安小組」，鐵腕手段拆違建。而「侯副」負責推動至今的公托超過一百二十家，整體犯罪率下降六成。

「霸氣猩爺」一通電話拆了水門

還有令人印象深刻的是，二〇一五年二月四日，復興航空空難事件中，侯副一通電話下令拆水門，還被台大法律教授李茂生在臉書大讚。

當時空難案發地點並非新北市轄管，但新北市副市長侯友宜在空難發生後，立即率領新北市救災人員趕抵案發現場，發現需要調來七百噸以上的大型吊車支援，雖有人建議由國軍空吊，但礙於現場地形地物，侯友宜毅然決然下令破堤，讓大吊車順利進場吊掛失事飛機殘骸。

李茂生在臉書發文指出，由於大型機具無法進入河川地救援，當下侯友宜拿起電話就說：「把水門給拆了。」李茂生讚嘆：「好個霸氣猩爺。這個人少話，而是直接行動。」但他也大感唏噓：「不是媒體寵兒，不是台大畢業的，智商也沒有特別的地方，待遇就是有差，也不懂得嘩衆等情事，或許也是原因之一。」

此外，二〇一五年六月二十七日，發生在新北市八里的八仙樂園十五人死亡、四百多人輕重傷的粉塵爆炸案，意外發生時，侯副帶領消防局人員積極搶救傷患送醫急救，事後斥責八仙董座神隱、不道歉，直言：「太可惡了！有責任的一個也跑不掉。」也強調塵爆事件新北市府絕對會全力究責，讓業者負起完全責任。侯副也表示，新北市府會永遠陪伴傷患及家屬，至今仍讓人印象深刻。

3-2 第一次角逐新北市長選舉並勝選

二〇一八年二月二十八日，侯友宜以「責無旁貸」，希望爲台灣這塊土地繼續打拚的宣言，辭官宣布參加國民黨黨內新北市長初選。侯友宜說：「這是我人生的第一場選舉，我知道自己爲何而戰！」他表示爲了讓新北市民生活過得更好，「我要告訴所有支持我的朋友，我會努力，全力以赴。」

之後侯友宜贏得國民黨新北市長初選，將選戰主調定爲「安居樂業」，與代表民進黨參選的前台北縣長蘇貞昌競逐新北市長寶座。

在選戰過程中，侯友宜面對文化大學宿舍案爭議，提出四百二十張發票佐證，強調岳家合法經營納稅，他不做違法的事情，對手抹黑指控他貪汙，侯反控這種惡質歪風只會撕裂台灣，希望終止負面選舉。

侯友宜破百萬票當選新北市長

最後侯友宜以一百一十六萬餘票，五成七的選票獲勝，當選新北市長，大勝蘇貞昌二十九萬票，這是侯友宜人生中的首場選舉，就有如此出色的表現，他也成爲國民黨中炙手可熱的政治新星。

勝選當晚，侯友宜拉著未曾曝光的妻子任美鈴的手，一起感謝支持者，紅著眼眶大聲跟市民介紹：「她是我的老婆。」表示在選舉期間，老婆一直鼓勵他，要正面選舉，現在勝選說明「正向力量、可以贏得一切」。這也看得出來，侯友宜背後的這個女人「美鈴姐」，始終都盡全力支持老公踏實築夢。

侯友宜是個重情重義的人，二〇一八年十二月二十五日，侯友宜就任新北市長後，二十九個行政區跑透透，市長工作更加忙碌，每天早上五點起床，跑步、游泳、看輿情，隨即開始一天的行程。

不過，對於警界老同事、老朋友們的聚會，侯友宜仍會參加，但只有一件事他很堅持，就是大家吃的餐費錢，一定要由他買單，尤其碰到北市刑大、中山分局老同事嫁女兒、娶媳婦，只要時間許可，他都會親自參加，讓老同事深感溫暖。

侯友宜的半人高交阯陶關公

侯友宜的溫情也展現在他對警界長官的緬懷。

如果有進到侯友宜新北市長辦公室，第一眼一定會看見一尊半人高的交阯陶關公，神武地守護在那。其實這尊關公，是已故警政署長丁原進退休前一個月送給他的，從二〇〇一年開始，侯友宜任桃園縣警察局長後，就一直守護在他左右。

丁原進要他莫忘保護人民及守護這塊土地的心，記得當警察的初衷，秉持關公的情義精神，帶來安定力量，並希望有天侯友宜會帶著這尊關公回到警政署。一棒接一棒，薪火相傳意義重大。

此後侯友宜換職位或是辦公室，一定都會先供奉好這尊關公後，自己才會坐在新的位子上，他知道送他關公的這位前輩，對他有著深深的期許。

二〇〇三年，侯友宜調升警政署長，這尊關公也隨之一起重返警政署。此後，關公陪著侯友宜，一路從警大校長、新北市副市長，再到新北市長。

侯友宜說：「我將這尊關公放在每天進出的地方，看到總想起長官的期勉，告訴自己不能懈怠，不能嫌累，還有很多事情要做。」他強調，自己是帶著這樣的心情，來到新北市，「希望在每個市民需要我的時刻，能夠盡最大的力量，守護他們，守護這片土地。」

第一任市長任內與病毒大作戰

二〇一九年至二〇二二年，新冠病毒入侵台灣，當時侯友宜所要保護的新北市民超過四百萬人，而且病毒隨時都在演變，由於新北市與台北、桃園及基隆是「一日生活圈」，往來密切，在人與人接觸下，新北市也陷入「病毒危機」中，彼時侯友宜帶領防疫團隊，並聘請專家學者做防疫顧問，爲保護新北市民健康而戰。

防疫如同作戰，只有動作快、才能將病毒提早驅離市民生活，而面對嚴峻的病毒，侯友宜為避免社區感染擴大，一度要用「封城」的方式，阻隔病毒入侵新北市，但卻遭到民進黨政府抨擊，指侯友宜在製造恐慌。最後新北市府雖沒「封城」，但侯友宜不斷提醒，呼籲新北市民盡量待在家不要出門，設法截斷病毒的傳染路徑。

新北市府當時的防疫措施，比中央快了很多步，侯友宜在防疫記者會上，幾乎天天砲打中央「要疫苗」、「要普篩」，如果不是侯友宜的各種超前決策，和各種卽時強力的抗疫作爲，新北的疫情恐怕更爲嚴重。最後也證明了施打疫苗，是唯一解決的方法。

病毒疫情嚴峻，新北市很多長輩因此病故，其家人及親友均無法親自送別，侯友宜除提出各種具體防疫措施外，同時也常會到火葬場巡視長輩們的身後事，確認是否辦理完善；他在臉書PO出一張獨自在火葬場，替長輩送行的背影照片，更是反映當時民衆的無奈心聲，也讓上萬人按讚，表示感同身受。

侯友宜的第一任新北市長四年，幾乎都在與病毒作戰，提出具體防疫措施，包括關停八大行業、網咖、電競遊樂場所，都是由侯友宜在新北市先做，比台北市早了三天，其他縣市後來也跟進，三級警戒也是侯友宜第一個呼籲，中央後來跟進。

還有雙北先行高三、國三停課，以及高中以下學校全面停課，有效減少病毒傳染校園，避免學生及教職員染上病毒。

在不能封城、普篩，不能完全阻斷傳染途徑，找到所有傳染源之下，新北以「區」爲單位設立「熱區防疫中心」。並推出「設置機動篩檢站、全面大清毒、高頻率巡邏、熱區關懷及強化防疫宣導」等措施，以組織戰和病毒苦戰。

中央不下令四級警戒，地方政府缺乏法源，只能竭力「呼籲」民衆待在家裡，「呼籲」市場要分流。新北市只能運用手中的權限，進行「軟性封城」，與病毒進行意志戰和耐力戰。

不過，二〇二二年四月十四日，新北市中和區一名兩歲男童（化名恩恩），因嚴重特殊傳染病肺炎重症送往雙和醫院，急救與治療六天後，於四月十九日去世，成爲台灣 Omicron 變異株大規模流行後首例兒重症與死亡案例。

中央疫情指揮中心在恩恩死亡當晚，宣布開放確診嚴重特殊傳染性肺炎者自行前往緊急就醫，並在同年五月十三日，設置學齡前兒童專用醫療服務。

兩大亮點政績：夏綠地公園、新泰塭仔圳市地重劃工程

另外，侯友宜市長任內的兩大亮點政績，就是將三十、五十年都無法解決的新北五股垃圾山、及新泰塭仔圳市地重劃工程都處理完畢。前者侯友宜解決了

汙染、公安、違建、違法工廠問題，目前已改建成爲「夏綠地公園」。

後者則爲新北提供二點六個信義計畫區，五個大安森林公園的都市發展面積，爲台灣打造了「新國門」。有學者建議，可仿效新加坡組屋政策，在土地上建蓋住宅，只賣地上屋，低價賣給年輕人，解除年輕人買不起高價房產的難題。

3-3 連任新北市長，邁向二〇二四總統路

二〇二二年十一月二十六日，侯友宜以「侯侯做代誌」選舉主軸，最後以一百一十五多萬票獲得連任新北市長，贏了代表民進黨參選的林佳龍將近四十五萬票。

侯友宜在過去四年，第一任市長任期，已完工開通三條新捷運線和輕軌路線。目前新北還有多條捷運路線，在全面施工中。

連任後，二〇二三年又爭取到延誤多年的捷運汐東線、淡北新道路。由中央正式核可，到二〇三〇年，大力推動的新北交通建設、預計每十萬人有三點八座捷運站，超越日本東京、南韓的首爾。

侯友宜獲提名正式成爲國民黨總統參選人

二〇二三年五月十七日，中國國民黨主席朱立倫宣布徵召新北市長侯友宜，參選二〇二四中華民國總統選舉。七月二十三日，國民黨全代會正式提名侯友宜代表國民黨參選二〇二四年中華民國總統選舉。

侯友宜現場宣誓，他會竭盡所能捍衛台灣的民主自由制度，反對台獨、反對一國兩制、強化軍備、加強兩岸交流、降低兩岸衝突，讓台灣遠離戰爭，要爲台灣創造更和平、更安定、更繁榮的未來。

侯友宜指出：「二〇二四年是非常關鍵的一年！」大部分台灣人都感覺到，台灣正被一股力量推向戰爭邊緣。民進黨執政，造成兩岸兵凶戰危，台海被國際認定是世界上最危險的地方、最有可能發生戰爭的地方。

侯友宜指出，做父母都擔心孩子會不會被送上戰場，白髮人送黑髮人？男女朋友也擔心另外一半是否被送上前線，整個社會都擔心，美麗的寶島還能安居樂業嗎？這是台灣二千三百萬人內心最深層的恐懼。

侯友宜表示，民進黨執政後，令言論自由消失，新聞媒體也被關台，促轉會變成東廠；人民最基本的需求也無法滿足，缺水、缺電、缺蛋，連救命的疫苗、口罩、快篩都缺。政治上貪汙腐敗，光電弊案黑金掛勾、疫苗採購疑雲重重，詐騙事件層出不窮，現在還急著把台灣推上兵凶戰危的火線，「這樣的民進黨，還要忍多久？」

侯友宜強調，沒有和平，一切都是空談；沒有和平，一切努力都會化爲烏有；和平，是最重要的堅持；「避免戰爭，追求和平」是每一個國家領袖最重要的責任。

侯友宜也感謝國民黨主席朱立倫，在黨最艱困的時候，勇敢承擔，並感謝在每一場選戰中帶頭衝鋒、爲國民黨守住民主陣地的戰將們，打下二〇二二年九合一選舉的輝煌戰果。

「莫忘世上苦人多，這句話我一直放在心上。」侯友宜表示，韓國瑜爲了國民黨、爲了中華民國的付出與貢獻，令他深深地感動著，他更期許自己能做到讓「台海安定、台灣安全、世界安心，台灣人民安居樂業過好生活」的堅定信念！

結語

「人民是我最大的靠山」

侯友宜再創人生高峰！

「一定要讓人民信任」，是侯友宜這次打總統選戰的最高原則。不論容易引發民衆對立的兩岸關係政策方針，或能源、民生、青年住宅、經濟、老農、巴氏量表、恢復軍公教警消退俸、婦幼、消滅詐騙、國防、外交等政見和政策，和自己對人民的承諾，贏得人民信任最重要，而侯友宜更明言：「人民是我最大的靠山！」他相信團結人民，就是他的唯一勝選方程式。

侯友宜自二〇二三年七月被國民黨正式提名爲總統參選人後，全台跑透透，走出新北市，到各地與基層民衆面對面接觸，他深刻體察到，民衆對他是有期待的，而不是那種禮貌性招呼，所以他必須更全力以赴，且他更相信以自己的經驗、智慧、行動力，可以實現和滿足民眾的期待及感情，而他也絕不會讓人民失望，是故「他拚了」！

侯友宜長年任職警察公務人員的政治風格和言行，讓他不可能有狂粉追捧，但他的務實理性與苦幹，「好好做事」的原則，由警界到政界，在各項領域都有做出政績，獲得不少基層民眾肯定和認同。

由於，侯友宜言行始終如一，而且說到做到，就信任基礎上，侯友宜是「可信任、可預測、可期待」，不會偏離正軌，更甚走偏暴走。

從七年前，侯友宜第一次參選新北市長的「安居樂業」，再到連任的「好好做事」，還有這次總統選舉的「贏得人民信任」，侯友宜真的不一樣了！已經從地方諸侯，提升到國家元首的高度，他不僅要用性命保護二千三百萬人民，更要讓台海穩定、台灣安全、世界安心，讓國民黨重返執政。

不再侷限台灣島內，侯友宜以新北市長、國民黨總統參選人的身分，前進到國際訪問新加坡、日本及美國，尤其是美國訪問，被外界視爲「面試」，且還有人等著看他鬧笑話，對這種說法，侯友宜都笑笑不回答，因爲他知道自己一定可以讓各界看到「總統級」的侯友宜。

在二〇二三年九月美國訪問行程中，不時可以看見輕鬆逛夜市、吃漢堡的侯友宜，也可以看見幽默可愛的侯友宜，與旅美僑胞同歡聚餐，當然也有嚴肅的拜訪行程，其中引人側目的是，在僑界安排下，「巧遇」同樣警探出身的紐約市長亞當斯（Eric Adams），讓侯友宜的紐約行有了最大亮點。

對於與紐約市長亞當斯「巧遇」，尤其是在聯合國開會期間，如果不是侯友宜從警期間，擁有強大的豐功偉績，即使同樣出身警探的亞當斯，哪會挪出時間和「台灣警察英雄」侯友宜巧遇？這是一個很嚴肅的問題。只能說，侯友宜的「警察外交」揮棒得很漂亮。全球警察不分國籍、膚色及種族，都有一個共同目標，那就打擊犯罪。

侯友宜與美國智庫座談，強調：「我對於北京的意圖，不會存有不實際的期待。」侯友宜談起區域安全時表示要當美中的潤滑劑，相較於藍營的和平多了強悍，美國學者均以「Surprise」（驚奇），及「務實沉穩」評價侯友宜。旅美學者翁履中則以「和平鷹」形容侯友宜，與傳統深藍的「和平鴿」路線，做出區隔。

侯友宜在華府智庫以「和平共創台灣願景與印太未來」爲題發表演說，首次以「嚇阻」（Deterrence）、「對話」（Dialogue）、「降低風險」（De-escalation）所組成的「3D戰略」架構建立兩岸和平，堅持以和平方式解決兩岸歧異，侯友宜認爲，現狀是動態平衡，民進黨政府任內，是一個滑向打破台海微妙均衡、朝向衝突的「新現狀」，把台灣推向戰爭邊緣的現狀。

侯友宜更表示，台灣必須實質、持續、及時、全面參加國際組織，包括聯合國專門機構，讓台灣與美國和全球各國站在一起，共同解決國際社會問題，共同守護民主成果，讓台灣扮演好「風險降低者」與「和平促進者」的角色。

「刑警破案實力」，侯友宜自當刑警那一天起，他深知要「破大案、捉要犯」，自己的破案實力很重要外，支援隊友們的和諧合作更是關鍵，因此他除了「攻堅理論」外，還有一套「和合理論」，此對他人生卡關時，可以轉換心情，馬上重新出發相當重要。侯友宜認爲輸贏的高度在「和」。而他正以自己智慧及勇敢要用「和」來團結泛藍並打下民進黨，至於成果如何，後續觀察！

爲什麼是「和合理論」，而非「合和理論」？侯友宜的回答很平實，侯友宜解釋能「和平、和諧、和氣」的合作，才不會讓對方感受不好，此中帶有人性的善良及體貼。如果是「合和理論」，那就可能被誤解爲某種利益才要合作，那合作起來會不舒服。

另侯友宜訪美期間，投書《外交事務》期刊（*Foreign Affairs*），主題爲〈台灣的中間路線：國民黨總統候選人的兩岸避戰方案〉，主張將以「3D戰略」，嚇阻、對話、降低風險，承諾在《中華民國憲法》框架下，務實進行兩岸對話往來，創造和平的條件。

侯友宜承諾，若是他當選，將會由政府組織改造著手，持續提升民衆的全民國防意識，成立內閣層級的「全民防衛委員會」，由行政院副院長兼主任委員，將整合各部會國防動員政策。侯友宜更舉在過去國民黨執政時代，兩岸早在一九九〇年起就有共同打擊犯罪的合作，比二〇〇九年簽署的《海峽兩岸共同打擊犯罪及司法互助協議》還早，此投書也引起美國各界高度重視。

侯友宜強調他不會將美國對台灣的安全支持視爲理所當然，也不會成爲麻煩製造者，在他領導下的台灣，將會致力扮演好「和平促進者」來降低風險，在《中華民國憲法》框架下務實進行兩岸對話往來，創造和平的條件，進一步拓展台灣與美國及日本的實質關係，確保和平穩定的台海與區域現狀。

侯友宜在美西舊金山僑宴上，遇到前來感謝他救命之恩，二十六年前「挾持事件」中的小男嬰、現在已經是二十六歲青年查克（Zachary Garske），長得高大英挺，還特地帶著女友前來感謝，查克說：「沒有侯友宜，就沒有今天的我。」讓一旁的侯友宜很激動，只能用擁抱來表達對查克的感謝！

二十六年前「挾持事件」中的小男嬰、現已是二十六歲的青年查克，他除了感謝侯友宜的救命之恩外，也要感謝侯友宜十六年前幫他「尋生母」，讓他與生母聯繫上。那是二〇〇八年七月的事情，十歲的查克，在養父母陪同下到警大找侯校長，除感謝救命外，並請侯校長幫忙找尋生母，故侯友宜透過關係，幫助查克找到生母，完成尋人任務。

查克開侯友宜玩笑說：「你都沒變。」聽得侯友宜很高興，查克說：「侯友宜是堅韌及謙虛的人，侯友宜保護我，也同樣會保護台灣人民。」侯友宜的美國行，最後在查克突然現身的驚喜中結束！

侯友宜從「和平鴿」進化成「和平鷹」，赴美訪問表現讓人驚豔。二〇二三年九月二十三日，侯友宜正式請假，全力投入總統主戰場，並積極下鄉與民眾接觸，深入了解民眾的需求和心聲，侯友宜的總統路挑戰，正進入深水區，不只是泛藍的團結「和」作，且要與民進黨政府正面交鋒。

侯友宜將面對民進黨嚴厲砲火攻擊，還有可能的各種誣衊、造謠、抹黑、挑撥、分化等，但侯友宜準備好了，將比以往更加親民、穩定、沉著腳步，邁開人生最重要的一大步，並在「人民是我的最大靠山」下，團結人民，不畏懼地挺進「警察總統」之路，不僅要再創人生最高峰，同時更要爲二千三百萬人民共創「兩岸和平、經濟繁榮、遠離戰爭」的生活而拚命中。

附錄 侯友宜大事記

1957/6/7 侯友宜出生於嘉義縣朴子市，家中排行第三。父親侯溪濱曾爲台籍日本兵，退伍後在市場賣豬肉；二哥是乳癌名醫侯明鋒。

1964/7 進入嘉義縣朴子國小讀書，在校內棒球隊擔任捕手。

1970/7 進入嘉義縣東石國中就讀。

1973/7 進入嘉義高中讀書。就學期間閱讀名探故事，立志從警爲人伸張正義、除暴安良。

1976/6 嘉中畢業，侯友宜進入中央警官學校（今中央警察大學）四十五期刑事系就讀。

1980/6 侯友宜自警大畢業，進入台北市刑警大隊偵一隊任分隊長。

1981/8/1　台北市警局成立北市刑大除暴組，爲臨時編制。侯友宜改調除暴組分隊長，率六名年輕刑警，專責打擊黑道幫派。

1983年　侯友宜與任美鈴結婚。

1984/5　侯友宜查獲十大槍擊要犯張瑞東、官州鎮。

1984/7　侯友宜升任除暴組第二任組長，被稱爲「黑道剋星」。

1985/7/16　侯友宜帶隊圍捕槍擊要犯「珍珠呆」梁國愷，在雙方槍戰中，梁服毒自殺。

1986/5/24　侯友宜瓦解林宗誠犯罪集團。

1988/1　北市刑大檢扒組長侯友宜，調接有「天下第一分局」之稱的台北市中山分局刑事組長。

1989/2　侯友宜成立「緝狼專案」後，率員緝捕「變態殺人淫魔」、「台北之狼」張正義到案。

1989/4/7　侯友宜授命前往《自由時代週刊》，拘提拒絕到案的鄭南榕。警方依法強制執行時，鄭南榕自焚身亡，十七名警消輕重傷。

1990/6　侯友宜調升北市刑大副大隊長，二度回到北市刑大。

1990/12/25　侯友宜逮捕新光集團少東吳東亮綁架勒贖案主嫌胡關寶；後追查出胡關寶亦爲涉犯「四大懸案」的犯罪集團主嫌。

1992/4/11　任獵龍專案召集人，侯友宜領軍在吳興街公寓，與陳新發犯罪集團激烈槍戰，陳新發等三嫌被駁火時引發的爆炸燒成焦屍。

1992/5/15　北市健康幼稚園戶外教學時，遊覽車發生火燒車意外，造成林靖娟老師、及侯友宜獨子侯乃維等二十三人死亡、九人輕重傷。

1993年　侯友宜偵破多起重大刑案，調升刑事警察局偵二隊長。

1994/5/8　侯友宜以海基會專家顧問身分，隨團前往大陸浙江杭州調查「千島湖事件」，爲國內首名現職高階警官赴中「辦案」。

1995/4　侯友宜調升台北市刑警大隊長。

1996/1/15　四海幫大哥「大寶」陳永和遭槍擊身亡，侯友宜率警偵辦，後於二月十一日前往陳永和的黑道世紀葬禮致意。

1997/11/18	白曉燕命案嫌犯陳進興持槍挾持南非駐華武官卓懋祺一家五口，侯友宜隻身進入卓懋祺住家內談判，最後搶救人質成功。
1998/1	台北市刑大隊長侯友宜升任刑事警察局副局長；之後進入警大防治研究所進修。
2001/3/1	侯友宜接任桃園縣警察局長。
2003/6/19	桃園縣警察局長侯友宜調升刑事警察局長，當年四十六歲的侯友宜，爲台灣警政史上最年輕的全國刑事龍頭。
2003/9	刑事局長侯友宜在台中、高雄成立中部及南部打擊犯罪中心。
2004/4	侯友宜成立一六五反詐騙專線，對抗詐騙犯罪，是全球首個反詐騙官方組織。
2004/3/19	侯友宜參與調查「三一九槍擊案」。
2005年	刑事警察局長侯友宜取得警察大學博士學位。
2005/7/13	侯友宜領警前往台中沙鹿，圍捕台灣第一悍匪「小黑」張錫銘，首度動用裝甲車攻堅，張錫銘中彈受傷落網。

2006/1/19　當時四十九歲的侯友宜調升警政署長，成爲國內警政史上最年輕的警政署長。

2006/4　侯友宜成立科技犯罪防治中心，整合資訊資通科技等單位，聯手打擊犯罪。

2008/6/20　侯友宜改調任中央警察大學校長，擔任警察教育工作。

2010/11　侯友宜計畫的「警大三建設工程」完成發包等階段性任務。

2010/12/24　侯友宜離開警界，揮別三十一年的警職生涯。

2010/12/25　新北市長朱立倫上任，侯友宜隨朱立倫團隊進入新北市府擔任副市長。

2015/10/19　新北市長朱立倫被國民黨徵召，取代洪秀柱參選總統，請假三個月，侯友宜代理新北市長。

2018/2/28　宣布請辭新北市副市長，參加國民黨新北市長初選。

2018/4/6　侯友宜初選勝出，正式代表國民黨參選新北市長。

2018/11/24　擊敗民進黨籍對手蘇貞昌，當選新北市第三任市長。

2022/11/26 連任新北市長成功。

2023/5/17 國民黨主席朱立倫宣布徵召新北市長侯友宜參加二〇二四中華民國總統選舉。

2023/7/23 國民黨全代會正式通過提名新北市長侯友宜爲二〇二四年國民黨總統參選人。

PEOPLE 叢書 506

勇敢無懼

——侯友宜從破案神探、硬漢市長、邁向總統之路的堅定勇氣與溫暖

者—張芳榮
字編輯—蔡爾康
對—簡淑媛
面設計—薛合淇
術設計—王士銓
頁完稿—藍天圖物宜字社
銷企劃—鄭家謙
總編輯—王建偉
事長—趙政岷

版者—時報文化出版企業股份有限公司
08019 台北市和平西路三段 240 號 4 樓
行專線—(02)2306-6842
者服務專線—0800-231-705 · (02)2304-7103
者服務傳真—(02)2304-6858
撥—19344724 時報文化出版公司
箱—10899 臺北華江橋郵局第 99 信箱

報悅讀網—http://www.readingtimes.com.tw
子郵件信箱—ctliving@readingtimes.com.tw
律顧問—理律法律事務所　陳長文律師、李念祖律師
刷—勁達印刷有限公司
版一刷—2023 年 11 月 3 日
價—新台幣 420 元

勇敢無懼：侯友宜從破案神探、硬漢市長、邁向總統之路的堅定勇氣與溫暖 / 張芳榮著 . -- 初版 . -- 臺北市：時報文化出版企業股份有限公司 , 2023.11
40 面；14.8×21　公分 . --（People 叢書；506）
SBN 978-626-374-482-0（平裝）
. CST：侯友宜　2. CST：傳記

783.3886　　112017041

時報文化出版公司成立於一九七五年，並於一九九九年股票上櫃公開發行，於二〇〇八年脫離中時集團非屬旺中，以「尊重智慧與創意的文化事業」為信念。

Cover Photo Credits:
Taiwan Presidential Election KMT Candidate Hou Yu-ih Interview
Hou Yu-ih, presidential candidate and mayor of New Taipei City, during a Bloomberg Television interview in New York, US, on Saturday, Sept. 16, 2023. Photographer: Victor J. Blue/Bloomberg via Getty Images

ISBN 978-626-374-482-0　Printed in Taiwan